THE GRILL

Adolfo Pardo

THE GRILL

Translated by Scott Spanbauer

velizbooks.com

For further information write Veliz Books:
P.O. Box 920243, El Paso, TX 79912
velizbooks.com

ISBN 978-0-9969134-3-0

Cover image by Daniel Ríos-Lopera

Cover design by Silvana Ayala

Contents

INTRODUCTION

In order to understand the following text properly, it is necessary to place yourself in the terrible circumstances that prevailed in Chile circa 1980-81, when this book was written and published: a nighttime curfew—which would remain in effect until 1987—and a political police force, the CNI (National Information Center) that did and undid exactly as this historic document portrays. Few were unaware of the attacks on human rights that occurred both openly and in secret, even when many remained in denial, which explains why seven years later, in the plebiscite that Pinochet lost (October 5, 1988), the military dictatorship received 44% support. And for the same reasons the publication of a book like *La parrilla* [The Grill] by Adolfo Pardo made and still makes sense.

At the time, all publishing in the country required authorization from DINACOS (the General Directorate of Communications), an organ under the command of a high-ranking army officer which, among other actions intended to block publications opposed to the regime, denied the applications by Talleres del Mar to publish the series Marginal Notebooks, to which *La parrilla* belongs. The fact that this publication, unauthorized, produced no consequences for the collective, nor for its author, may be due to the authorities' incompetence at controlling the many dissident, legal and clandestine, sources that worked in opposition to the dictatorship from multiple fronts.

The reader [of the Spanish text] unfamiliar with Chilean speech and slang might not understand some expressions used by the victim in her story, and it's to the author's credit that he respected this everyday language without interference, which contributes to its authenticity; but it puts to the test the translator's job of finding the corresponding words and expressions and to interpret the free, brash talk of an adolescent girl who, without affectation, delivers her testimony with ingenuous sincerity, without ideological baggage, or vengeful intentions.

At the same time, she doesn't make her torture too explicit, with its degrading insults, beatings, and electric shocks on a makeshift metal bed—known as "the grill" [la parrilla]—from which this book draws its title.

Chilean critics included these texts that negate the contradiction between fiction and non-fiction within the memoirist tradition. Jaime Concha, an academic at the University of California among others, is one of the first critics to approach the problem of post-'73 Chilean testimonial literature and offers several suggestions for the study of these documents. The first thing he does is to assign the thematic grouping that binds together Chilean testimonial texts: "Right from the days of September 1973 an ample testimonial literature about events in Chile began to emerge and develop." He immediately confirms that the common feature of this testimonial literature is to refer to concurrent happenings in Chilean politics. Concha links this anti-dictatorship literature with characteristics that, as he points out, were already present in Neruda's *Canto general*. But he immediately notes that in his opinion "the first testimonial document in a strict sense that comes out against the Military Junta are Salvador Allende's words on the morning of September 11th."

Thus *La parrilla* is not the only example of this type of literature in post-coup Chile, but it is impossible not to recognize this story's timeliness and testimonial richness. Neither can one ignore the risks implied by appearing publicly as a detractor of the government. It is therefore understandable why at the author's request, the prize-winning Chilean poet Raúl Zurita, would opt to include newspaper clippings of the day as a prologue to the work, which contributed, without saying a word, to contextualizing the book in the national reality of that moment in time.

That the main character is set free at the end never ceases to come as a surprise. Certainly many cases, even in less compromising circumstances, ended in what was euphemistically called *disappearance*. And it is evident that the form, affectionate even, in which she conducted herself in captivity, influences that outcome.

Although there is no consensus regarding the number of human rights violation victims in Chile during the seventeen years of the Pinochet dictatorship, the Truth and Reconciliation Commission's report (the Rettig Report[1]) and that of the National Commission on Political Prison and Torture (the Valech Report[2]) describe 40,000 people detained, tortured, or imprisoned, of which 3,065 are dead or disappeared. And another 20,000 went into exile.

According to the editor, critic, and essayist Vicente Undurraga[3], "the story's merit, what gives it interest that goes beyond its documentary value, is its non-accusatory, but instead descriptive nature, and its less ideological and Manichean than human (too human) plot, in which her [the protagonist's] initial panic gives way to modesty when they ask her to get out of bed, then modesty turns to cleverness, and cleverness to a certain closeness to one of the agents, a closeness that partially blurs the boundaries between bad and good people." All of the above is what makes the story a reflection of what Hannah Arendt calls "the banality of evil".

La parrilla, which in its time had no intention other than to place into evidence something terrible that was happening in the Chile of 1980, now, thirty-five years gone by, due to the considerations given here, and others that you yourself will find in reading it, continues to be read and republished in Chile and now in the United States, garnering readers and, little by little, becoming a classic of testimonial literature, or simply of Chilean and universal literature.

Carlos Ortúzar
Talleres del Mar
Santiago, October 16, 2016

[1] Supreme Decree No. 355 of April 25, 1990 created the National Commission on Truth and Reconciliation, whose principal objective was to contribute to the complete clarification of the truth regarding the gravest human rights violations committed between September 11, 1973 and March 11, 1990, whether in the country or abroad, if these latter were related to the State of Chile or with its national political life. At the end of nine months of intense work, on February 8, 1991, the Commission delivered to then-President of the Republic, Patricio Aylwin, the Report of the National Commission on Truth and Reconciliation.

[2] The Advisory Commission for the Verification of Disappeared Detainees, the Politically Executed, and Victims of Political Prison and Torture.

[3] Vicente Undurraga Rodríguez (born in Viña del Mar, Chile, in 1981). Between 2007 and 2012 he was culture editor of *The Clinic* (print edition), a weekly for which he continues to write on literature. Since 2005 he has collaborated as book editor at Ediciones Universidad Diego Portales. He has written for and contributed to imprints and magazines including *Dossier*, Hueders, Revista de Libros de El Mercurio, Bordura, and Metales Pesados.

A Record of Iniquity

Los Talleres del Mar was formed in the late seventies as a collective of authors or cultural figures that would later blossom in the eighties. They moved through avant-garde artistic spaces in order to announce their presence and that they would not be absent from what was taking place, that they supported each and every artistic undertaking, and that their collective presence was the very confirmation of that support.

Jaime Valenzuela, Carlos Ortúzar, and Adolfo Pardo formed a group that gradually became renowned because, after all, they were Los Talleres del Mar and they were already part of the impassioned and exclusive scene that brought the visual arts and literature together without the slightest disharmony.

It also brought together a group of spectators lacking artistic affiliation, but who faithfully heeded the invitation to those impromptu, political, and aesthetic evenings. They attended the emergence of video art in Chile, loved being present for critical debates, literary readings, or art happenings amidst a poetically plural atmosphere that, later on, Nelly Richard would call the "Avant-Garde Scene."

Writing about or describing this energy seems like an impossible undertaking. Amidst the signs of death and signs of life lay resentment. But also the challenge of renewing aesthetics, the intent to imprint upon those macabre times an intensely creative vigor born of repudiation.

In this way they went about creating the space in which urgency was unleashed to think and rethink assaults on the body, resist censorship, activate a zeal for microspaces and use the body itself as a kind of rhizome in the city. Stunning years, the late seventies and the eighties, where an unprecedented artistic energy flowed thanks to the social conditions that produced it, a chaotic scene, heterogeneous, because its subsoil was traversed by the terror of an institutional violence that, although penetrating at the capillary level, did not stop the inorganic resistance of various avant-gardes from taking root.

In those fragile and completely necessary microspaces, discordant and, naturally, rebellious identities converged. Los Talleres del Mar: Jaime Valenzuela, Carlos Ortúzar, and Adolfo Pardo, as members and representatives of their collective, came and went, they showed up to imprint their stamp on those meetings, a stamp that would later be used to publish–as one could in those days–*La parrilla*, by Adolfo Pardo, a book that in its time, or because of its time, circulated no further than a close group of artists.

Today, after so many years, more than thirty already, this unique text reappears, which can be understood as the massive "effect" of a testimony, or in other words–and perhaps from another perspective–it is possible to read this book–in a visual way too–as a novella based on the account of the real experiences of a political prisoner with whom Pardo came into direct contact in 1980.

This documentary novella–even considering the risk that comes with classifications–respects the security norms of political secrecy: it almost completely lacks proper names, provides no territorial precision, the specific political activity has no exact source, nor do the militant connections that occasion the main character's detention, probably *mirista* [related to the Movimiento de Izquierda Revolucionaria, or the Revolutionary Left Movement], apart from the captors' notable mention of some bombs. And her brother.

Nevertheless, the text's eloquence brings to light a singular version of detention and torture, because *La parrilla* succeeds in delivering an important process of subjectification well-founded in the bundled impulses, fears, strategies, and secrets that structure the psyche of the female political prisoner.

A subjectification that allows her to lose her generic nature—as a political prisoner—and become an individual. Because the young protagonist acts out her incarceration, her pain and ridicule, as she brings all her cultural wealth to her imprisonment, her—shall we say—lively aesthetic and the signs of the times alive within her. We are talking about a young woman prescribed by the conditions of her specific times—her particular images and vocabulary—a woman who finds herself faced with an arrest that devolves into sexual abuse, verbal assault, and the threat of rape.

And, on another level of reading, I think this book could be considered a post-*Palomita blanca* [White Dove] (a Chilean hippie novel) written by Enrique Lafourcade and published in 1971. And following "that" particular narrative thread, thinking of this book as a saga, it is possible to see that, after the 1973 coup disaster came down, the dove was caught in order to be dragged into the middle of a nightmare.

But, even subjected to electric shock, she survived the endless iniquity.

Diamela Eltit
January, 2012

SPIRAC
RA EL PA

el
ras
an

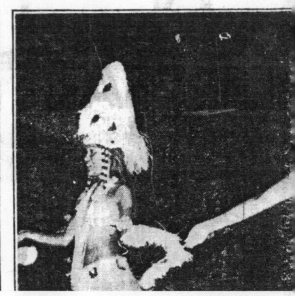

Lanzarán a Un Francés Al Espacio

■ Amplia cobertura de prensa soviética al término de programa Intercosmos

de abril, cuyas partes vitales son reutilizables.

Los planes espaciales soviéticos permanecen sepultados por un secreto total —lo que insinúa qué el aparato militar del Kremlin tiene una importante participación en este campo.

varo, los medios masivos de comunicación soviéticos se han conformado con alabar el éxito de la estación Salyut-6.

PROXIMA PRIMAVERA

La Unión Soviética proyecta en algún momento de la próxima primavera (del Hemisferio Norte) enviar al espacio a una tripulación integrada por uno de sus cosmonautas y un francés, en circunstancias que todavía no fueron divulgadas plenamente.

Desde su lanzamiento, la Salyut-6 ha brindado refugio a un grupo de cosmonautas soviéticos y colegas de Checoslovaquia, Polonia, Alemania Democrática, Hungría, Vietnam, Cuba, Mongolia y Rumania.

Una tripulación binacional soviético-búlgara no logró el acoplamiento en abril de 1979 como consecuencia de una falla de último momento en el cohete propulsor.

nvío de Armas Vendidas

ga de aviones "Mirage 50" para Chile
rega de un barco de reconocimiento y aviones "Super-Etendar"

ierno francés ha cotura postura a adopodría afectar a Arn a París barcos y

Ministros del Exterharles Hernu) discuestión.

tercer país del munno suministrará más es, a los Estados en. enace la libertad de ha subrayado que "efectuaría una sentado el Presidente

rmas por unos 7.500 e demostrar su crepuestos de trabajo ámento. Y al mismo

tiempo se ha de respetar más que ahora los principios libertad y los derechos humanos.

ENTREGAS CONFLICTIVAS

La nueva jefatura de Francia podría verse enfrent a problemas en lo que respecta a los encargos efectu por Argentina, Chile y otros países del Cercano Orient

Argentina ha encargado tres barcos de reconocimi del tipo "A 69", equipados con cohetes "Exocet". Dos ron ya entregados, un tercero está casi ultimado. Asi mo otros 14 aviones "Super Etendar" están ya listos entrega. Chile, por su parte, encargó en julio de 1979 total de 16 aviones "Mirage 50".

Irán había encargado en 1974, doce lanchas rápidas padas con cohetes. Tres fueron suministradas después final del régimen del Sha y otras tres esperan, ya li en el puerto de Cheburgo. De las diez lanchas rápidas, cohetes, encargadas por Libia en 1974 tres están casi tas, dos en período de prueba.

En el Cercano Oriente, Irak, que a finales de enero cibió cuatro "Mirage F-1" para gran enojo de Israel, pera aún la entrega de otros 56 aparatos de este tipo

Libertad Eco
Estabilidad

- Foro con Gastón Acuña, Genaro
  Cruz, Ernesto Illanes y Joaquín

Los Ries
Del Mer

- Habla Domingo Arteaga, presid
- Caso CRAV: "Muy lamentable.
  economía no avanza"
- Especulación: "Forma parte de
  CRAV resulta inexcusable" (Entr
  en página D 3)

La Ley que C
La Cara del N
De Valo

-5-

- Proyecto de ley despachado hace
  nes legislativas fija nuevas con
  dades anónimas. Entre otras cos
  xoto a los fondos mutuos y fij

Regional de Ata-

anuncio oficial fue
por el intendente
al. Tte. coronel
dro González Sa-
quien señaló que,
mente, la intenden-
había entregado al
Mandatario an-
tes y documentos
la necesidad de
ó de contar con un
l de estudios supe-

cisó el coronel Gon-
que la Universidad
al de Atacama ten-
plazo de treinta días
presentar sus pro-
s de estudios y ca-
como asimismo los
tos correspondien-

tabilidad social y el éxito
económico alcanzado por
Chile durante el actual
Gobierno.

El diplomático, en con-
versación con los periodis-
tas en La Moneda, señaló
que deja el país, después de
permanecer aquí durante
dos años: "Me voy lamen-
tándolo muchísimo, porque
me estaba encariñando con
Chile. Llevo muchas cosas
conmigo a Corea para
emularlas, especialmente
la estabilidad social y el
éxito económico".

Recordó luego el inter-
cambio comercial entre
ambas naciones que ac-
tualmente alcanza a casi
200 millones de dólares y
que es favorable a nuestro
país.

el Canciller René Roja
su viaje se materializa
cuando él lo resuelva.

Naufragó g

TOCOPILLA.— Frente
"San Pedro" de este p
Estela", que había llega
cargamento de diez tonela
te en total, debió lanzars

Según informaciones p
Puerto local, tras las ma
instaló en una de las depe
la hora en que se iniciar
vamente se sintió un golp
traba amarrada, y en cosa
comenzó a hacer agua.

La goleta "Blanca Estel
una eslora de 12,25 metro
metro, es de propiedad d
se desempeñaba Tabilo

Los propios tripulantes,
para reflotar la goleta, m
disposición de la autorid
investigación sumaria a
ponsabilidades.

I. MUNICIPA

A LOS
PROP

de mantención de á
es el 25 de junio de
por la Oficina de Pa
para retirar aciaraci

BO DE CHU

¡ATENCION, BAR

KI
5
0

de
gir
Es
rá
or.
da
sin
an
ue

A

O R

SCUAN

STEDDE

The nation's problems are my personal problems.
— Adolfo Pardo

That day we managed to convince my grandmother, who never goes out, that she should go stay over at my aunt's. The family usually gets together on Thursdays, which is why she didn't want to go. She felt bad about leaving the kids, she said, but since our water heater was broken, we talked her into it so she would be able to take a shower.

"I don't want to go," she said. "My children will be left all alone."

And we were like: *Grandma, go, you never go anywhere, they're going to give you a ride.*

Around four, my brother showed up, very nervous. I asked him what was up.

"I gotta go," he answered. "At seven Roberto's gonna call. So get all the stuff together, make a packet of it, wait until eight and if he doesn't call, take off. I'll get in touch later."

He had a friend with him and it pissed me off because I thought they must be out just fucking around and at the same time I realized that he was giving me responsibilities, but I didn't fully understand. When he told me to get everything together I figured that it must be something serious.

"I don't think you're really meeting up with Roberto," I complained. We argued, I told him I didn't believe him and then to convince me, he pointed at his friend.

"Ask him," he said.

"Whatever..." But I still couldn't understand why he had to call me after seven.

* * * * *

My brother left around five, a little before my boyfriend was supposed to get there. Around seven I was already way nervous. At seven fifteen the phone rang. It was my brother asking if Roberto had called. I told him no and he let me know he wouldn't be coming home for now.

"Get rid of that shit!" he reminded me.

"OK already," I replied.

Roberto never called. Around nine, the guy, my boyfriend, left and then some friends showed up. I'd managed to round the stuff up including a letter my brother left in case he... It looked like he was ready for anything. The letter was addressed to our family, saying something to each of us. Of course I found that out later, inside.

* * * * *

My grandmother didn't like visitors staying late, even if they were good friends. She demanded respect, silence, etc. With my grandfather it was different, much more flexible, in spite of the fact that that night he came out of his bedroom several times to tell me that it was getting late.

"Go back to bed," I kept telling him. But later, when it was really late, like around eleven, I let him rant. I wanted those

24

guys to realize that they had to go. "My grandfather is really pissed off at how late it is," I told them. But no dice... until finally they left and I'm about to go out when my grandfather comes and corners me.

"Where do you think you're going at this hour? You're not going anywhere!" He had no clue what we were up to.

"But Grandpa, I have to go out. I'm going to my friend's and I'll be back in a flash."

He totally went ballistic and didn't let me. Worst of all is that I was hoping to go looking for someone to give the packet to that my brother had left, but as it turned out in the end I never left, I locked the door to the street, and I went to my room. Back then I wasn't so responsible, I didn't take security measures seriously. In those days I couldn't say no means no, I was subject to my grandfather's rules, and I respected him above all else. At the Institute where I was studying we were taking a public relations course and for that subject the next day we had to do an interview and as a way of calming my nerves I focused on preparing everything: the tape recorder, a notebook, the folder, and my girl's school uniform. I knew my brother would yell at me for not doing all the things that there was now no way to do. In the end, I went to bed super nervous, with the radio on, and had nothing but nightmares.

* * * * *

Early in the morning I heard the door, or maybe, the outer door. It crashed and bounced back—they must have opened it with one kick, but I kept sleeping, as if those huge crashes were part of my night terrors. Later, because of the screams and my grandfather's voice, I started to wake up, to understand what was happening, but I kept trying to sleep until they came into my room and started yelling at me to get up. I opened one eye and turned over, but that didn't work for long, they almost grabbed me by the hair. They grabbed the blankets and uncovered me with one swift yank. I woke up with a start and saw them standing around my bed armed with machine guns. But despite my fear, I resisted getting up because I was in my nightie and felt mortified. Luckily, right away they spread out all over the house, except for one that stayed to guard me. All shy, I sat down on the bed, covering my legs with the sheet.

"Can you leave?" I said.

"Get dressed," he told me.

"But geez..."

"Don't give me any crap," he threatened, but in the end he felt sorry for me and turned around.

"Can I go to the bathroom to wash?"

"Yes, but leave the door open."

There I realized that they had utterly trashed my brother's room. I turned on the faucet and sat down on the bidet. To cover myself a little, I tried moving the clothes washing tub with one foot, so another guy standing at the bathroom door couldn't see me. I washed and dried myself, and put my panties back on. I wanted to get dressed there, but I hadn't brought my clothes. I went to the sink and washed my face and armpits, all in a hurry, trying to cover myself, looking out of the bathroom, going as fast as I could in order to get dressed quickly.

When I was brushing my teeth, a sort of redhead came in who acted like he was in charge. He was short, with straight hair, wearing a white raincoat with a machine gun under his arm. He came in, looked around, and left. Being alone with him terrified me. I finished as quick as I could and went back to my bedroom. The other one was going over the whole room. He

26

moved toward my folder and I remembered that I still had the stuff.

"Oh my god!"

I'd left the packet hanging next to the mirror, in a mesh purse with wooden handles. I looked toward that side. I tried to act the nice, attractive girl, because since I thought he was so ugly... I mean, you can kind of tell when they like you, because they call you whatever, they watch you. The guy's look penetrated me. I knew that I'd caught his eye and I said something to him, trying to laugh. He began to question me.

"Whose is this?"

"Mine," I answered.

"And what is it?"

"School stuff."

"Huh... you're a student?"

"Yes, secretarial."

"And how's it going?"

"Good, great, but I don't like it, I'm studying this because the chance came up, but actually I would have preferred to do history." I was shaking, but I made the most of being in my nightie as my salvation, hoping he'd move away from the purse. I knew that my brother's letter was there. I used my looks to my advantage, and I kept using them later.

He was dark, very thin, and wore a black wool coat. It was the middle of winter, but I still felt overheated, red as a tomato. Then the guy turned around, and leaving the folder open, opened the dresser and started taking everything out. I let him go right ahead, still worried about the purse.

I looked at myself in the mirror, doing this and that with my hair and I put a clip on because, as usual, I couldn't find my hair comb. I wanted to keep exploiting the situation of being stuck

27

half-naked. The only thing that worried me was the mesh purse. I opened and pulled out the drawer of the armoire, grabbed my underwear and started ruffling through the rags, my drawer was full. At that moment the guy looked at me.

"You got a ton of clothes, girl."

I was waiting for that dumbass comment and I started shifting the pants on hangers from one side to the other. And the dresses, although I never put one on. I took out some pink pants that look good on me and a t-shirt the same color.

"Can I get dressed in the bathroom?" I asked.

"Sure," he said, "but you have to leave the door open."

"Geez, but they're right outside..."

"Get dressed here, I'll turn around."

"Fine." I stood behind the door of the armoire, threw the clothes on the bed, and started to get dressed.

* * * * *

After a while the redhead who seemed to be the boss, the one who gave instructions, arrived—*stay here, you, walk over there, watch the old man*. I got scared and practically started crying because right then my grandfather passed by escorted to the bathroom, holding his robe together, barefoot and wearing only one sock.

My grandfather!, I thought, even though I'd been pissed off at him in the evening and called him an old fool. In the meantime I replayed it all in my mind and felt bad about it, I hated myself.

"So, are you active in any parties?"

"No," I told him. "No, no way."

"Sure?"

"Sure."

"How can that be? We're looking for your brother, your brother goes around setting off bombs. He killed a *carabinero*."

"That's impossible, no way," I replied, laughing, unable to find a way to insert the fact that I belonged to a Hindu sect. I had a picture of a guru, of a perfect master, it was pinned up between the living room and my bedroom. I'd already drifted away from all that, but since a good friend had given it to me, I kept it and now thought that it might come in handy. But the guy got right to the point, asking strictly yes or no questions, nothing more. If I started blabbing away at him, he was going to stop me.

"All right, you're coming with me. Let's talk, the two of us, and if you behave we won't have any problems."

"OK, whatever, just ask me..."

He must have been about 28, young, but I spoke to him formally. Suddenly, they called him.

"Come with me," he said.

We went out toward the living room—that's where the guru's photo was—and they said something to him like *this fucker's not in the house.*

"Fine. Declare him a fugitive."

Shit! To me, fugitive from justice was a really awful label. *My brother, it can't be*, I thought.

And right then, I don't know if it was by magic, the guy just sees the picture outside the door to my room.

"And who's he?" he asks me.

"He's a perfect master."

"What?", he asked, laughing.

"That's right," I said, "I'm part of a Hindu sect, the Mission of Divine Light."

I was trying to act all friendly...

"Have you heard of him?"

"Yeah, somewhere," he said.

"And you're mixed up in that?"

"Yes," I told him.

"For how long?"

"Like three years."

"You're so full of shit!"

Then I laughed.

"Why?"

"Because you think you can bullshit us..."

"No, not at all. I'm just talking."

"Enough already, tell the truth!"

* * * * *

We went to the narrow hall and he opened one of the cabinets where my grandfather kept things. I knew that he had a shotgun and that he'd passed it along to my brother, he sold it to him or something. He used to hunt... At that moment I started remembering things I'd heard about due to my gossipy nature, and I had a premonition that they were going to catch me. My conscience weighed on me. And my fear. Because of that weapon, that cabinet terrified me, but the guy didn't find a thing, he flipped through a few odds and ends and closed it up. He popped into the pantry, gave it a quick look, we turned back and went into my room.

"I love women's purses," he says.

Whatever, I thought, *the purse doesn't matter*. I'd left it ready to go to the interview like a perfect lady. It was just a simple purse, and I calmed down. No problem. But then I see him take down the woven bag and flip it over on the bed.

"And what's this?"

I turned red, and my eyes filled with tears. What the hell do I do? My brother told me to get rid of it. I wanted to die, I was shaking.

"What's this?" he repeated.

"I dunno."

"Look, you know plenty. Don't be bullshitting me. How could you not know that this was here in your room?" And he started unwrapping the package.

"So you didn't know?"

"No, I just didn't know what was inside," I told him.

"And where did this come from?"

"I don't know. They gave it to me just like that."

"Who gave it to you?"

"My brother..."

Then and there I really started to feel like crying. My brother had told me that as a last resort I should bring it to him. In fact, I don't know if tears were really running down my face, but inside I was crying a river.

He started going through the documents: five copies of *Rebelde*, something about the Christian Democrats, and the letter. My brother mentioned something about it to me when he was editing it and I came into his room. So I pretty much knew what it was about, I knew it was his statement, that he was set on everything.

The red-headed one pulled out the letter, unfolded it, and started to read in silence. Then he gathered up the packet and told me:

"I'm very sorry, but you're going to have to come with us."

"But why?"

"Look, if you behave yourself, you're not going to have any problems, and you'll be back in no time."

"I sure hope so."

"Come with me," he ordered. And he left me sitting on one of the couches, while on the other one sat a young guy, blonde, very, very good-looking, who started chatting me up about some crazy stuff. Laughing, I told him that I didn't understand a word he was saying. Then he said that it was a good thing that I didn't understand. And then the usual question *So, what do you do?* And so, we started to talk, and me half as if I was trying to get with him. I mean, the fact that he was young brought us closer, and I spoke to him informally and started telling him what I did, that I was a secretarial student, that I was trying to give dancing a shot. Such a load of crap!

He asked me what music I liked.

"I only listen to FM."

"Same here, I love it."

"Yeah, because on the other stations they have a lot of commercials, they're totally lame, totally sappy. I'm really into the Bee-Gees," I told him, pretending to get carried away.

He was very tall, went around in a blue down jacket, one of those ones that look inflated, and blue jeans, too cool for school. He must have been about my age, and like all of them, wore an ACS armband, from the ACS unit. A white band with red letters.

"Hey, what's that for?"

"This? Nothing, it's just for our group."

At that point the boss came in, the skinny guy who was in my room, and a fat one, very working-class.

"Let's move out!"

"The old man is going, and the chick."

* * * * *

32

There was one other person who usually slept in my room, but she was doing night shifts in a clinic, and when she arrived back in the morning she got one hell of a surprise. Adela was her name, she was a French citizen and they didn't dare touch her when she showed her ID, but in the second drawer of my dresser they found some materials, the magazine *Solidaridad*, the magazine *Análisis*, and other stuff like that. We managed to talk for a moment before they found my bag.

"I have some things that have me scared shitless," I told her.

"We're both fucked," she answered. And making me even more nervous, she added, "Relax, nobody gets out of this."

She's very jumpy and by this point she's half-crazy and due to her solitary nature has always been good at talking and communicating. She talks to herself suddenly. I didn't give it a second thought, as far as I cared Adela was nutty and was just going nuts.

When the redhead came in to say *these assholes are leaving, the chick goes, and the old man,* suddenly, I don't remember where from, she showed up protesting.

"Why are you taking the girl? She's a minor, and you're nobody. You can't do this."

"We're sorry, but we have to take her with us all the same. She's the only one who can provide us with the information about her brother's whereabouts."

She looked at me, making a face and scared me even more.

"OK, let's go"

"You stay," they said, referring to Adela.

The skinny one, the dark-skinned one, found the telephone and said "we've got half the package, the other one is on the lam." At that point we were all in the living room.

"Let's go."

I stood up and said something stupid: "Awesome, an adventure." And then, to Adela: "if I don't come back right away, don't worry, I'm coming back. If I don't come right back, please send me the pills," I added, which cracked all those dudes up.

In fact, I was taking a medication, Lexotanil, because I was just getting over being arrested on May 1st and I was still recovering. It's an antidepressant, a psychologist prescribed it to me. I wasn't OK after the 1st, I didn't want to go to school, for example, because everybody knew that I'd been locked up.

* * * * *

We started to leave with me behind my grandfather.

"Sweety, don't fret," he whispered to me.

"Yes grandpa, don't you worry."

Outside, a red pickup waited for us. It was an old Ford with hardware for attaching a canvas top. I needed help climbing up because my pants were so tight on me that I couldn't raise my legs. Half the neighborhood was watching, and the dark-skinned one comes and yells:

"Get inside, you old biddies!" And the old ladies got scared and shut themselves back in.

With all this going on, I say "I can't climb up," and the young guy came, the blonde-haired one, and helped me, taking me by the arm, but very gently. Once I was up there, I went and sat down on the bed of the truck, next to my grandfather.

"Grandpa," I said, taking his hand, "don't worry, nothing's going to happen, we'll be back in a bit."

"Hey, none of that talking," the dark-skinned one scolded us. "Nice and quiet, the both of you."

At that moment, the blonde guy climbed up in the truck.

"I'm sorry baby, but I'm going to have to cover your eyes with tape."

"What for?" I asked him, laughing.

"It's just better."

Suddenly the head guy shows up.

"No," he says, "don't tape her up yet."

So, everybody climbed on. The blonde guy and another three up front, and in back, with us, the dark one, the working-class one, and another with a square head, tall, really tall, who kneeled next to the cab where my grandfather and I were riding. And the other two, also kneeling, but at the back end. We turned at the corner of Huérfanos and Brasil, and in front of the fire station we stopped and the dark-skinned one came over to cover my grandfather's eyes and mine with tape.

"Ready," he yelled, and we started off again.

I tried to open at least one eye, and I started counting the streets, calculating where we were going through.

"Are you looking?" they asked me.

"No."

In fact, I couldn't see anything because I didn't dare look. I didn't want to open my eyes, but later I started to work at opening an eyelid and I could see on one side, although I got lost when we hit the Panamerican Highway's potholes. I was too afraid. I was afraid they'd see that I'd opened my eyes, or one eye that is, and that's when I lost track.

Finally, we came to an alley, or maybe that was the impression I got due to the narrowness at the moment I got down. I had to hang on to a guy on each side. When we started walking again I tried opening my eye and, although I was only able to see the ground, I could tell that it was an alley.

We walked into the middle of a big military operation. Men running here and there, yelling and calling each other Buddy, Ace, Chief, and so on. We passed alongside a black metal gate, of that I'm sure, and went through a series of hallways where the fear started creeping back into me again, until they left me standing somewhere there. A lady that I got a look at later on came and stayed next to me for about five minutes, guarding me, I suppose, until they moved me to a little room where there was a table and an arm chair. They offered me coffee and then all of a sudden the blonde guy popped in.

"Do you know who I am?"

"Yes."

"Who?"

"The one with the blonde hair?"

"Ah," he said, "you recognize my voice."

"Yes," I replied.

"OK baby," he continued, "we're going to talk right here and make sure there are no problems, and, if you talk you'll be heading home just like that."

And it started.

"Where's your brother?"

"I don't know."

And I began to realize that I was surrounded by people, guys I mean.

"But how could you not know? It's for his own good. Otherwise it'll be worse."

"I don't know, I really don't know," I lied, because I did know where to find him.

"Who are your brother's friends? Who does he meet up with? Give us names!"

"I don't really hang out with him," I kept pretending.

36

"Why?"

"Because we don't get along, we fight."

"And his friends?"

"I don't know. They're pretty crazy."

"Ah, they're pretty crazy?" he said and pounded the table with his fist.

"Where is your brother?" he yelled. I jumped.

"I don't know" I said, and started to cry.

"Give us your brother's friends' names! I'm sure they go to your house."

"I don't know... I don't hang out at home."

"Don't give me that! You must know more than a few!"

I didn't know what to do and I told him: "There's one named Jorge... he was one of those Fatherland and Liberty guys, but a good friend of my brother's, they still are."

"Where does he live?"

"I don't really know, but he lives in the neighborhood, around San Pablo and Riquelme."

Actually, he lived near Riquelme and Santo Domingo, but I was scared they'd get more things out of me because of my fear of contradicting myself and them catching me.

"What other friends? Who does he get together with most? Classmates..."

I named two classmates that I knew had nothing to do with anything. One of them totally in love with me and a total right-winger.

"Who's his best friend?"

"A guy who went to the United States."

"Who is he?"

I told him the name because he won't be coming back, and had nothing to do with anything anyway.

He kept asking questions.

"What does your brother do?"

"Interning. He's doing his internship."

"Tell us everything that he does, starting from when he gets up."

"I don't really know. I go to class in the morning."

"But you go back for lunch?"

Suddenly someone says, "To the doctor, take her to the doctor."

I didn't understand what for, I mean I never thought I'd end up where I was.

They took me down a padded tunnel. At least the entrance must have been very low, because they told me to stoop down, I didn't listen and hit my head. I went in and since my tears had loosened the tape quite a bit I could see a huge guy with a white apron and a nice face, wearing glasses. That big guy looked out of place in such a tight space.

"Are you nervous?" he asked.

"Yes," I told him.

"Why?"

"Because I don't understand any of what is happening."

"You just need to be calm, cooperate with my friends, you won't have any problems."

"Yes, but cooperate on what, if I don't know anything about what they're asking me."

"OK, but stay calm." And he starts asking about my state of health. How was my nervous system, and the first thing he asked about was my heart.

I told him that I'd never had any problems.

"And your nervous system?"

Now we're talking, I thought, *I'll play the victim*.

I told him: "My nerves are shot, actually. I'm in treatment." I laid it on thick. And I went on: "I don't know how long I'm going to be here and I didn't bring my medicine and need to take them, so I feel really nervous and sick."

"What medications do you take?" he asked.

"Lexotanil," I answered, "and Diazepam."

I wasn't taking Diazepam, but I knew that they gave it to my grandmother for her nerves.

"We'll see if we can take care of that" he told me.

Then he made me open my mouth, he looked at my tonsils, he poked his contraption here and there, gave me a super-quick checkup, wrote down my name, my age, and boom.

"Get her out of here!" he said.

* * * * *

I went back to the place where they had interrogated me.

"Know who I am?"

"I don't know," I said, pissed as hell.

The blonde guy slammed the table again.

"Oh, so you don't know who I am?"

Now that scared the crap out of me.

"The guy with blonde hair," I said.

"Ah, see what a good memory you have? You remember me and you're not going to forget any time soon."

And right away he started in with the thing about my brother.

"I don't know! I don't know! I don't know! Leave me alone, I don't know anything!"

The guy got up and left. It was about ten minutes before he came back.

"You fucking bitch," he screamed and slapped me right

across the face. "You dicked us around. Know what I was doing upstairs? I went to tell them to let you go."

"Take her away," he shouted.

And another guy who was just coming in...

"It's ready."

It was the boss, who was holding the letter and all the items that were in the packet that my brother had left me.

"Ready," they repeated, and left the room.

I was left alone, trying to look all around. Again you could hear random footsteps, running and scuffling, banging and voices giving orders. In a while they came back, and the blonde guy said, "Get out and leave me alone with her."

Shit, he's going to rape me, I thought.

"Close your eyes," he said. "I'm going to take the tape off."

And he uncovers just the one eye I could see with and shows me an ID.

"Do you know this dude?"

I didn't know whether to say yes or no.

"Yes. Yes, I know him."

"Who is he?"

"A classmate of my brother's."

"Where from?"

"From elementary school, high school, years ago..."

"And what does this fucker do?"

"Nothing, I don't like him 'cause he's a pothead."

Instinctively, I tried to brush him off, not knowing that you could even do something like that, I'd never...

"What do they call him?"

"His name is Gonzalo."

"And do you know a Chalo?"

40

"No, I don't know him," I said. I shook my head no.

That was a lame question, because he, in the interrogation, said that they called him Chalo and because of that contradiction with me they gave him one hell of a beating. I realized that later on, but in that moment I said no, to me he's Gonzalo and that's that.

After that, they came in with my brother's ID. They cover the name and show me the photo. I jumped.

"No!"

"Who's this fucker?"

"My brother."

They put the tape back on me. They took me out to the hall and left me again standing next to a wall. Then comes a huge bunch of guys, I look down at the floor and I recognize my brother's shoes. He was coming in at that moment. There where I was standing, the hallway took a ninety degree turn and on one of its sides was the little interrogation office. I started to cry, "my brother, my brother, my brother." And the lady guarding me—the same one as at the beginning—gave me a wallop in the stomach.

"Don't be fucking around here. Stand up straight and turn around toward the wall."

I turned around and kept crying. *My brother, my beautiful brother.*

But the worst thing of all is what I started to hear, because they started to hit him right away.

"So you're a motherfucking commie!" Wham, a smack.

I felt him fall and how they were kicking him and I remembered what he had told me about the package and the dudes that wouldn't leave that evening, and I was thinking why the fuck couldn't I have told them to leave... maybe all of this could have been avoided.

Meanwhile, they kept thrashing my brother, until finally they put him in a chair and began interrogating him just like me, and when he said "I don't know," they gave him another whack. Your senses really develop, I heard the question first and then the blow.

Suddenly the boss left, they came to find me, I had to go up some stairs, go through an area, until I got to a room where I saw a bunk. It was full of guys who started to laugh when I came in.

"Hey, skinny girl is niiiice."

"We're going to have to get into a fight now."

"Hot!"

And then.

"OK skinny, get undressed."

"No, I don't want to."

The lady came over to me.

"You're going to get undressed!" and she yanked my vest off with one jerk, a thick white vest that I was wearing.

"Come on, strip," she continued. "Take off everything, rings and everything."

"Earrings too?"

"Yes, all of it, all of it."

I was moving as slow as possible, I was so ashamed, I knew I was surrounded by guys watching me. I saw them when I came in, and after that I really tried to not see. I took off my t-shirt, and a chain with a little shape carved from bone that I had been wearing lately that meant a lot to me came loose. I tried to get it back, I managed to grab one part of it that got caught on my bra, I took it off discreetly, I tried to put it in my pocket. All I wanted was to hang on to that stupid thing, a kind of ivory half-moon.

Anyway, that baby disappeared. I didn't want to take my watch off either, which was from my mom, or the ring she had given me, or anything else, but all that got lost. I was dizzy, and I don't really know why. I'd lost my balance. I seemed drunk. When I started, very slowly, to take off my pants, the lady grabbed me by the waistband (I'd unsnapped the snap) and went like that, really hard.

"Hurry up, take them off already!"

Those pants were really tight on me. I took one leg off, always trying to cover myself, and when I lifted the other leg I fell sideways and I just barely support myself on the bunk, which was pretty low.

Anyway, I took my pants off, but I was still holding off on taking off everything and I couldn't figure out how to say *do I have to take off my undies?* or to say *do I take off everything?*

I understood perfectly well that I was surrounded by guys and I spoke knowing that there was always someone in front of me. I was so mortified I didn't even want to look, I was ashamed to even think that they were watching me. I decided to keep my eyes shut and asked "Do I have to take off everything?"

"Yes," the girl told me. "Everything. Take off your panties, and your bra too!"

I tried to strike up a conversation in order to stretch things out, talking about this and that, but they didn't say a thing. I had to get completely naked. Then they took me and laid me on the cot.

"Straighten your legs and open your arms!"

Then a fat guy came, and at that moment I opened my eyes. It was one of the guys who had been in my house, and he said "Open your legs!"

Spread my legs in front of those guys? OK, I go and open

them a little. And one of them asks "you sleep around?" I was going to tell him no, but, I thought, *they'll figure it out anyway*, because I thought they were going to rape me, I mean, no way did I think that this was the grill, I'd heard talk of it plenty of times but I didn't imagine that it was that.

"Have you slept with anyone?"

"Yes," I said.

"Going steady?"

"Yes."

"Who with?"

That's when I let slip a big, and very confusing bit of gossip. I talked about some dude and in the end they told me I was a slut because I was getting with two guys: a general's nephew, who I mentioned out of convenience, and another I'd supposedly met through the Vicariate.

"And how did you meet the Vicariate one?"

"Well, we have disappeared family members and we talked and became friends and he helps me in one subject, labor law, but as friends." Always trying to say that we were just friends. But they called me a slut anyway.

"Man, these bitches are sluts."

"Whores."

"Open your legs already!"

I once again separated my legs the tiniest amount. As this conversation bubbled up, I had gone about discreetly moving them back together. That's what I was trying to do. I felt terribly ridiculous with my legs open.

"C'mon already, open!"

So, I did as they said.

"I'll bet you don't have a problem when they're putting their dicks in you."

44

Fine, I opened my legs, they tied me, and I stayed quiet waiting for them to rape me. But they started again with the questions and the taunting. There were stupid games I avoided like the plague because all they wanted was to laugh, ridicule me, and make me feel ashamed with intimate experiences. The fact that you go to bed with a guy is something very personal and the fact that they were all finding out about my stuff had me down, not to mention the fact that they were seeing me with my legs spread. *These guys must be picturing how I do it and don't do it*, I thought. And, tightly bound, I managed to get into a position that wouldn't allow them to imagine anything. I was trying to close my legs, shivering from cold and shame.

Just then the blonde-haired guy came in.

"Know who I am?"

"Yes, the blonde guy."

"OK," he said to me. "You're going to answer everything and work with us, or else it's going to go very badly for you."

And they started asking questions. Again, if I was active in a party. They asked the same question thousands of times to see if they could catch me in something.

"You've never gone out, never done anything?"

"No."

"Never gone to demonstrations?"

"No, nothing ever."

Then, I sensed that a guy who was sitting next to me gets up and puts some shit on me over here and another one over here.

"So, you've never gone out anywhere?" and they give me the first hit. I jumped and screamed. I've got no idea what I must have screamed. Then, the second hit. The first one hadn't been that strong, it just caught me unawares.

"So, you've never done anything?"

"No, never," I responded, and they all broke up laughing.

"You think we're dumb? You think we don't know you were arrested because of May Day?"

Then I was fucked, I tried inventing stories, that I had gone out with my grandma, making up any kind of bullshit. No point, they started asking about Nacho, touching me, they touched me right here, pulled my hair, the blonde guy was flicking my boobs and kept on asking me questions.

"Tell us!" they shouted.

After that another guy started to grope me saying "you got nice tits." Those were the terms they used. I never found out who he was, but I felt the switch and I thought back to the pleasure of doing it with someone you love. Suddenly they started with the *we're going to fuck you* thing and I remembered my brother's ex that they raped when she was held prisoner in 75. She'd told me the whole mess and it was all very clear to her. *I don't care if these fuckers rape me*, I thought, *even if I end up traumatized*. I imagined that I was making love with my boyfriend while they fondled me, laughed, and had some fun at my expense.

"We're gonna rape you, skinny ass. Tell the truth. What kind of relationship do you have with Saavedra?"

"…"

"You're his chick, his partner?"

"No, no."

Then they gave me the third one, which was much longer and which I couldn't withstand any longer. I passed out, lost consciousness, and when I woke up naked on that metal cot, they made me sign a paper that I never found out what it said.

"So you don't know Ignacio Saavedra?"

"No, I don't know him."

And they start reading a letter of mine, one of the many that they had, and in fact the relationship that I had with Nacho was a relationship, you could say, between partners; or to put it a better way, between friends, because we worked together, but it wasn't a romantic relationship, although he had proposed that to me and the question was there in one of the letters that they had. That was in my favor, because at that time I was quite inconsistent, despite being active since the age of fourteen I didn't yet have what it took to be consistent when it comes to what I thought. After that, Nacho was very stern in his letters and accused me of being petit bourgeois. They found those letters in my house, and my responses in his. They were pretty rough about this subject, because they wanted to know everything about this boy and I didn't even know that his real name was Ignacio.

After that they took me off the cot, they left me alone for a while.

"Alright, let her rest."

The blonde guy slapped me twice.

"Stop shivering, bitch."

"But I'm cold..."

"Stop shivering."

"OK," I told him "I'll try." But I kept shivering.

"Have her get dressed."

*　*　*　*　*

That session over, I was taken to the hallway where I had been earlier and I sense a bunch of people standing there. They wrapped a blindfold on top of the tape that I had over my eyes. The others–I realized later–had theirs taken off first, or maybe the guy that blindfolded me just forgot about mine, but in any case I ended up looking down and saw my brother's shoes. I was next to him.

"Skinny, be strong," he told me and we held hands. He was handcuffed and me with my hands behind me. I don't know how we did it.

All of a sudden the redhead appeared, I knew him by his voice.

"Now we're going to play Russian Roulette."

That was so that Nacho would recognize us. I never expected to be recognized, no way did I ever think that he would recognize us and I wanted to call the redhead a faggot. My brother says that I did, but I actually don't remember, I felt really sick, I was collapsing, I just couldn't think or stand.

After that, they split us up. They took me to a cell and pretty soon the blonde guy appeared.

"Know who I am?"

"Yeah, sure, the blonde guy."

"But which blonde?"

"The blonde-haired guy with the parka, tall."

And I told him "I need to ask you a favor, I'm dying for a smoke, you know?"

He went to look for a cigarette, and hung around for a while talking.

"And you, what do you do?" it was the same thing that he had asked me at home.

"I go out, I go to parties."

I started to tell him that one day at a party we smoked some joints... Well, in reality I'd smoked some joints, but never at a party. I started making things up: I have a super crazy friend; we went out together, we went to the beach. I was babbling pure silliness.

"What do you do on the weekends?"

"I go out, I go to parties, I go dancing."

I smoked calmly, with my hands cuffed in front of me. When he got there it gave me peace and I started making things up. I don't know how I came up with so many white lies. Yes, I even created a friend and baptized her Jeannette! Where did she come from?

"And me and Jeannette we're super crazy. You know we go dancing! The other day we went to a party, and then we smoked some joints, we went dancing and then everybody in the group said, let's go to the beach! And we went to the beach... I was super scared because I hadn't told anybody at home and my grandmother is incredibly strict. We were in El Quisco and we went over to San Antonio to call her on the phone. I told her: *hey granny, I'm at a barbeque, we just started eating and then I'm going to leave*. And that my grandmother reprimanded me. And in between he asked me questions.

"Geez! And what did your grandma tell you? Was she OK with that?"

"Yes, she was angry. I called her saying *I'm at a barbeque*, so that she wouldn't tell me *come home immediately*."

I also told him that Sunday night I'd come home as if nothing had happened and my grandmother had told me *back out with you, I don't want to see you around here again*.

Then I jumped to another topic, "At the institute we're going to elect a beauty queen and they've nominated me."

"Oh yeah? That's great. What are their requirements?"

And he started asking about the party and if we could go.

"Sure," I said. "Yes, you can go."

That is to say, I didn't tell him *yes, we can go*. I told him *yes, you can go.*

"The admission will cost 30 pesos."

"But will it be at the institute?"

"No, I don't know if it'll be at the institute or if they're getting a club."

"Ah," he exclaimed. "We could go. There, we could see each other."

"Yeah. That would be sweet."

"OK, baby, I'm gonna have to go. I'll come see you in a while."

"Bye then. Come see me."

"Yes, I'll come."

* * * * *

Much later they came back to take me off to the grill. They took off my handcuffs and ordered me to take off my clothes. I got undressed, got on the stretcher by myself, spread my legs without comment, they tied me, applied the current to me and I didn't faint. I remember perfectly that they were asking me questions and applying current, nice and easy at the beginning, or maybe I just didn't feel it anymore, exhausted by so many questions and fabrications. The fact that they knew that I'd been detained on May 1st gave me away, which is why I tried to tell stories that weren't so lame, to say something believable, even if I doubted that they believed me. And all the while I realized that they were giving it to my brother.

"So your brother goes around planting bombs?"

"That can't be..."

My mouth was dry and sour and I could barely talk because my tongue was getting stuck.

"But he himself told us that you were helping him."

"Me? No way."

"No, really. How many did you plant?"

"None."

"But how can that be, if your brother tells us it's true?"

They hit me hard with that question, five shocks, then made me get dressed, took me to another cell with totally white walls. There they realized that I had tape under the blindfold.

"They have you wearing tape?"

"Yes."

"No, take it off her."

They offered me tea and I refused, I believed that they were going to poison me. They made me a bed and everything, but I stayed awake the whole night, afraid that they were going to kill and disappear me forever.

* * * * *

The next day I lost the sense of time, I mean, I'm guessing it was the next day, because blindfolded, in that totally white windowless room I didn't know what time it was, or even whether a night had gone by. There was a super bright light and a whistle that never stopped blowing that seemed to come from behind a grate. Around the third day that sound drove me crazy and suddenly, hell, I was ranting to myself. I remember I started crying like a baby and one of the guys came in to talk to me and be nice to me. He was new, I'd never heard his voice before.

The first time I accepted tea I ended up sleeping like a log, I collapsed and woke up the next day with a dog licking me, a gigantic mutt. When the blonde guy came to see me, the hottie, I mentioned it to him.

"You know I can't stand the blindfold." It was itchy.

"Well, since you already know who I am, take it off for a

bit," and he raised it up himself.

"Hey, I don't know if I dreamt it or there was a dog licking me."

He laughed.

"No, there really is a black dog, a big one."

I was still very scared, because once when I was little I heard that across from my house, on Agustinas street, there was a house full of hookers and queers and that one of them got it on with a dog or had a dog get it on with them—stories passed around among people my age—and, sure, I put things together and figured that probably this dog was specially trained and might do it to me. Although in reality it only licked my face and hands, I envisioned it licking my whole body. I was lying on my back on the mattress, covered with the blanket, I'd slept well, I felt rested and comfortable, but in quite a lot of pain, because since I slept handcuffed it hurt like hell when I rolled over. I woke up with marks on my hands and I even had a dent right here on my cheekbone. I kept quiet, a little uncomfortable, frightened that the blonde guy was going to do something to me, despite the fact that I found him very nice. For example, out of nowhere he straightened out my clothes, covered me, but I kept my eyes on the ceiling the whole time. He was in a chair next to me.

"I saw you when you were naked," he told me "and I liked you a lot. I liked it when you were screaming."

I didn't know what to say.

"Yeah...?" It was an idiotic "yeah."

"I mean it," he told me.

And he like kept insisting, and wanted to keep telling me that he had really liked seeing me. Suddenly we heard a ruckus outside, footsteps.

"I'm going to have to pull your blindfold back down," he told me. "They're out there and they'll give me a hard time if they find out that I let you lift it up."

Then he lowered it and said goodbye.

"Bye."

"Bye," I said.

But before leaving he bent down and gave me a kiss. I didn't know what to do, it was a quick kiss, but on the lips.

"I don't understand...What's happening?"

"Nothing, I'll come and see you."

This left me dazed and after I'm not sure how long, another guy came and asked me if something had happened.

"Has somebody tried...has someone been rude to you?"

And I protected him. It's like there was a moment when I trusted him, he was young, we were talking, laughing, he couldn't be that bad, he can't be that much of a faker, and I didn't throw him to the sharks. I thought about doing it, but I told myself no, later the shit will hit the fan, some day he might run into me on the street, a million things could happen.

"No, no one," I said. "Everyone has behaved very well."

* * * * *

Days later he showed up.

"I'm not going to be able to come see you anymore," he said from the door.

"Why?" I asked.

"Because they told me I was coming by too much, they reprimanded me."

"..."

"Do you have a phone?" He knew that I did.

"Yes, I do."

"Why don't you give me the number?

"But you saw it right there on the phone in my house..."

"But I want you to give it to me."

"OK," and I gave it to him.

"You know, I'd like to see you after you get out of here, and go out with you."

"OK," I said, "call me."

Just then we heard people.

"Bye," he said, "take care."

And I didn't see him again until the very end, when he came to tell me:

"Guess what... you're out of here."

They were always asking me questions about something, but a lot of times they would make me take off my clothes and they didn't say a thing, they would just look at me, in silence, and I could hardly tell that they were there except for the little sounds they couldn't help making, like the rustling of their clothes or the air they were breathing. And by their smell. They figured out that my weakness was that they might rape me, that I was terrified of that. I'd told them so myself. *I'm scared to death you'll rape me. Seriously, are you going to rape me?* Although when I asked the blonde guy if he had sisters and how would he like it if they got raped, he told me *no, that's not really going to happen, it's just to scare you.*

When they took me and put me across from my brother and I realized that Nacho was also being held, that changed things. They made me take off my clothes and made my brother touch me.

"If you don't talk asshole your sister's screwed. We'll fuck her."

"Fuck her," he said.

I would have protested, but I felt guilty because of the packet he'd left me in charge of, and I didn't say anything. That's how it will go, I thought, and since they'd already told me it was just to scare me...

A moment later, having Nacho in front of me gave me strength. And afterward, when they ordered me to take off my clothes I didn't even get upset, I did it, put up with them slapping me and pulling my hair without becoming disturbed. In reality I think I was half crazy, I talked to myself, complained, got tonsillitis and a fever, I couldn't swallow saliva; in sum, I was screwed. Thanks to being bare-assed all the time, I got sick.

On one occasion, someone left the door to my cell open and a radio on. They'd left me tied to a chair to keep me from standing up and getting nosy. I saw Nacho in the hallway, sitting, completely blindfolded. He figured it out and raised his thumb. That gesture was significant for me. I thought, we're all right, he's all right, my brother's all right, nothing terrible has happened yet. But he was uneasy, turning his head in all directions, alert to every little noise, every little movement around him. He lifted up his blindfold and went like that again with his thumb and I heard my brother's breathing.

To be seventeen again–went the radio–*after living for a century*...

I started singing and Nacho, I don't know why, tried to make me shut up. I was singing, laughing, and crying at the same time. It was our first contact after all that we had suffered, we became stronger and now that they were there I asked to go to the bathroom every so often and stop for a moment next to them. And in the interrogations, in the cell next door, Nacho and my brother raised their voices so that I could hear what they were saying. That helped us out.

Finally, they ordered me to shower, I don't know if it was on the last day, but it had been a while since they'd shocked me.

"Leave the door open."

"Geez."

"And leave the blindfold on. Lift it up looking at the wall."

I showered singing, with the guys walking back and forth outside. I watched them, I could see them without them noticing. It was an old bathroom, with a huge tub and the floor painted like tiles. Nacho's jacket was tossed on the ground, torn and bloody. I took off my clothes unconcerned that they might see me. Just as if I were at home, I hummed, stuck my butt out and held my breasts like that. Afterward I went back to my cell, to the tons of repeated questions, just going crazy. That's when the blonde guy showed up.

"Wanna hear some news?"

"..."

"You're out of here."

"No way."

"Yup, you're going home."

"Nice," I said. "I can't wait to get out. I can't take being locked up unfairly anymore."

I hadn't done anything, I started to tell him when I realized that there was a butt load of guys right behind him.

"You're going to take off your blindfold, you're going to read and sign that statement. And no looking to the sides."

They passed me some papers and I started reading without understanding a thing, unable to hang on to an idea, reading just to go along, more concerned with seeing who was there in the back. What a drag, if they catch me they'll smack me, I thought.

On the third page I ran into things that I had never said, I was sure of it and I let them know.

"I've never said this."

"But you have to sign anyway!"

"But it's just that..."

Then another guy came over.

"Do I look like some little pussy? Sign this piece of shit if you don't want to go back to the playground!"

Hell no, I thought, *no fucking way!*

Adolfo Pardo

LA PARRILLA

Introducción

Para entender cabalmente el texto que sigue es necesario situarse en las terribles circunstancias que imperaban en Chile hacia 1980-81, cuando fue escrito y publicado este libro: toque de queda nocturno –que regiría hasta 1987– y una policía política, CNI (Central Nacional de Informaciones), que hacía y deshacía como justamente lo demuestra este documento histórico. Pocos ignoraban los atropellos a los derechos humanos que ocurrían abierta y soterradamente, aun cuando muchos todavía lo negaran, lo que explica que siete años después, en el plebiscito que perdió Pinochet (5 de octubre de 1988), la dictadura militar logró un apoyo del 44%. Y por lo mismo tenía y tiene sentido la publicación de un libro como *La parrilla* de Adolfo Pardo.

En ese momento toda publicación en el país debía ser autorizada por la DINACOS (Dirección General de Comunicaciones), organismo al mando de un alto oficial del ejército que, entre otras medidas para evitar publicaciones contrarias al régimen denegó la solicitud de Talleres del Mar para publicar la serie Cuadernos Marginales, a la que pertenece *La parrilla*. La razón por la que esta publicación, desautorizada, no tuvo consecuencias para este colectivo, ni para su autor, podría explicarse por la incompetencia de la autoridad para controlar los muchos focos disidentes, legales y clandestinos, que hacían oposición a la dictadura desde múltiples trincheras.

El lector no habituado al habla y modismos chilenos puede no comprender algunas expresiones usadas por la víctima en su relato, y es mérito del autor haber respetado ese lenguaje popular sin interferencias, lo que contribuye a la verosimilitud del mismo; pero pone a prueba el trabajo del traductor para encontrar las palabras y expresiones correspondientes e interpretar el habla libre y fresca de una adolescente que, sin poses, entrega su testimonio con ingenua sinceridad, sin cargas ideológicas ni intenciones reivindicatorias.

Por otra parte, ella no hace demasiado explícitas las torturas, con insultos degradantes, golpes y aplicación de electricidad en una cama metálica ad-hoc –conocida como "la parrilla"– de donde toma el nombre este libro.

La crítica chilena incluyó dentro de la tradición memorialista estos textos que anulan la contradicción ficción/no ficción. Jaime Concha, académico en la Universidad de California, entre otros, es de los primeros críticos en abordar el problema de la literatura testimonial chilena post 73 y ofrece varias propuestas para el estudio de estos documentos. Lo primero que hace es ubicar el conjunto temático que aglutina a los textos testimoniales chilenos. "Desde los mismos días de septiembre de 1973 ha venido emergiendo y desarrollándose una amplia literatura testimonial sobre los sucesos de Chile". Inmediatamente consigna que el rasgo común de esta literatura testimonial es referirse a los acontecimientos inmediatos de la política chilena. Concha vincula esta literatura anti dictatorial con rasgos que, según observa, ya estaban presentes en el *Canto general* de Neruda. Pero de inmediato anota que en su opinión "el primer documento testimonial en sentido estricto que surge contra la Junta Militar son las palabras de Salvador Allende en la mañana del 11 de septiembre".

Es así como *La parrilla* no aparece como único ejemplo de tal literatura en el Chile post Golpe, pero es imposible no reconocer la oportunidad y riqueza testimonial de este relato. Tampoco se pueden desconocer los riesgos que suponía aparecer públicamente como un detractor del gobierno. Así se comprende que requerido por el autor para prologar este trabajo, el laureado poeta Raúl Zurita, Premio Nacional de Literatura, optara por incorporar recortes de diarios del momento, lo que contribuyó, sin decir una sola palabra, a contextualizar el libro en la realidad nacional de ese momento.

No deja de sorprender al final la puesta en libertad de la protagonista. Consta que muchos casos, en circunstancias incluso menos comprometidas, terminaron en lo que eufemísticamente se llamó desaparición. Y en ese resultado es evidente que también influyó la forma, incluso afectuosa, con que ella se desenvolvió en su cautiverio.

Consignar de paso que, aunque no hay unanimidad respecto al número real de víctimas de las violaciones a los derechos humanos en Chile durante los 17 años de la dictadura de Pinochet, los informes de la Comisión de Verdad y Reconciliación (Informe Rettig[1]) y la Comisión Nacional sobre Prisión Política y Tortura (Informe Valech [2]) hablan de 40.000 personas detenidas, torturadas o presas, de las que 3.065 están muertas o desaparecidas. Y otras 20.000 personas salieron al exilio.

Según el editor, crítico y ensayista Vicente Undurraga[3], "lo valioso del relato, lo que le da un interés que supera el de su valor documental, es su carácter no denunciante sino descriptivo, y su trama menos ideológica o maniquea que humana (demasiado humana), en la que el pánico inicial de ella da paso al pudor cuando le piden que se salga de la cama, y el pudor da paso a la astucia, y la astucia a una cierta (o incierta, en rigor) cercanía con uno de los agentes, cercanía que desdibuja parcialmente los límites entre buenos y malos". Todo esto hace que el relato refleje lo que Hanna Ahrendt llama "la banalidad del mal".

La parrilla que en su momento no pretendió otra cosa que poner en evidencia algo horrible que estaba ocurriendo en el Chile de 1980, ahora, transcurridos 35 años, por las consideraciones propuestas y otras que usted mismo encontrará en su lectura, continúa leyéndose y reeditándose en Chile y ahora en Estados Unidos, acaparando lectores y, poco a poco, transformándose en un clásico de la literatura testimonial, o sencillamente de la literatura chilena y universal.

Carlos Ortúzar
Talleres del Mar
Santiago, 16 de octubre de 2016

[1] El Decreto Supremo N° 355 de 25 de abril de 1990 creó la Comisión Nacional de Verdad y Reconciliación, cuyo objetivo principal fue contribuir al esclarecimiento global de la verdad sobre las más graves violaciones a los derechos humanos cometidas entre el 11 de septiembre de 1973 y el 11 de marzo de 1990, ya fuera en el país o en el extranjero, si estas últimas tuvieron relación con el Estado de Chile o con la vida política nacional. Al cabo de nueve meses de intensa labor, el 8 de febrero de 1991 la Comisión entregó al ex Presidente de la República, Patricio Aylwin, el Informe de la Comisión Nacional de Verdad y Reconciliación.

[2] Comisión Asesora para la Calificación de Detenidos Desaparecidos, Ejecutados Políticos y Víctimas de Prisión Política y Tortura.

[3] Vicente Undurraga Rodríguez (Viña del Mar, 1981).Entre 2007 y 2012 fue editor de cultura de The Clinic (edición impresa), semanario en el que sigue escribiendo sobre literatura. Desde 2005 colabora como editor de libros en Ediciones Universidad Diego Portales. H ha escrito y colaborado en sellos y revistas como *Dossier*, Hueders, Revista de Libros de El Mercurio, Bordura y Metales Pesados.

Bitácora de una infamia

Los Talleres del Mar se formaron en los últimos años de la década del setenta como un colectivo de autores o de actores culturales que se desplegaron en los ochenta. Transitaron los espacios artísticos de vanguardia para notificar que estaban allí, que no se restaban del acontecimiento, que apoyaban cada una de las intervenciones y que sus presencias así lo confirmaban.

Jaime Valenzuela, Carlos Ortúzar y Adolfo Pardo constituyeron una agrupación que era conocida de manera progresiva porque, después de todo, eran Los Talleres del Mar y ya se habían integrado a la intensa y acotada escena que unía, sin el menor disturbio, artes visuales y literatura.

Y reunía también a un grupo de espectadores carentes de filiación artística, pero que concurrían fielmente a cada una de las convocatorias en esas noches inesperadas, políticas y estéticas. Acudían a la emergencia del video-arte en Chile, querían presenciar debates críticos, lecturas literarias o acciones de arte en medio de una plural atmósfera poética que, más adelante, Nelly Richard iba nombrar como la "Escena de Avanzada".

Escribir o describir esa energía parece una empresa imposible. Entre los signos de muerte y los signos de vida se extendía el rencor. Pero también el desafío de renovar las estéticas, la intención de imprimirle a ese tiempo macabro un vigor intensamente creativo emanado del rechazo.

Se iba construyendo así el lugar en que se desencadenó la

urgencia por pensar y repensar los asedios al cuerpo, resistir la censura, activar el fervor por los microespacios y usar el cuerpo mismo como una forma de rizoma en la ciudad. Años impactantes, los finales de los setenta y los ochenta, donde se cursaba una energía artística sin precedentes debido a las condiciones sociales de su producción, una escena caótica, heterogénea, porque su subsuelo estaba recorrido por el terror ante una violencia institucional que, aunque penetraba capilarmente, no impedía instalar la resistencia inorgánica de las diversas vanguardias.

En esos microespacios frágiles y completamente necesarios, confluían las identidades disconformes y, desde luego, insumisas. Los Talleres de Mar: Jaime Valenzuela, Carlos Ortúzar y Adolfo Pardo, como integrantes y representantes de su colectivo, iban y venían, llegaban para imprimir su sello en esas reuniones, un sello que más tarde iba a editar –como se podía en esos años– *La parrilla*, de Adolfo Pardo, un libro que en su tiempo o por su tiempo no circuló más allá de un acotado grupo de artistas.

Hoy, después de años sobre años, más de treinta ya, reaparece este texto singular que puede ser entendido como el "efecto" masivo de un testimonio o, dicho de otra manera –y quizás desde otra perspectiva– es posible leer este libro –pensando también visualmente– como una novela corta que se funda en el relato de la experiencia real de una prisionera política a la que Pardo accedió de manera directa en 1980.

Esta novela documental –aun considerando el riesgo que portan las clasificaciones– respeta las normativas de seguridad de la clandestinidad política: carece casi totalmente de nombres propios, no tiene una exactitud territorial, no se sabe la génesis de una práctica política concreta, ni cuáles son los nexos militantes que motivan la detención de la protagonista, probablemente de raíz mirista, salvo la mención tan conocida, por parte de los captores, de unas bombas. Y su hermano.

Sin embargo, la elocuencia del texto pone de manifiesto una versión singular de la detención y la tortura, porque *La parrilla* consigue producir un importante proceso de subjetivación fundada en haces de impulsos, miedos, estrategias, secretos que estructuran la psiquis de la presa política.

Una subjetivación que permite que pierda su carácter genérico —de presa política— y se individualice. Porque la joven protagonista actúa su presidio, su dolor y el escarnio, pues lleva al encierro todo su caudal cultural, su —digamos— estética vital y las marcas epocales que la habitan. Se trata de una joven escrita por las condiciones de su tiempo específico —sus particulares imágenes y léxicos—, una mujer que se ve enfrentada a una detención que se resuelve en el abuso sexual, el maltrato verbal, la amenaza de violación.

Y, en otro registro de lectura, pienso que este libro se puede considerar también como una post *Palomita blanca* (novela del hipismo local) escrita por Enrique Lafourcade y publicada en 1971. Y sigue "ese" hilo narrativo, pensando este libro como una saga, es posible atisbar que, después de precipitarse el desastre del Golpe-73, la paloma fue capturada para ser arrastrada al centro mismo de una pesadilla.

Pero, aun electrocutada, sobrevivió a la extensa infamia.

Diamela Eltit
Enero 2012

SPIRACI

RA EL PA

el

ras

an

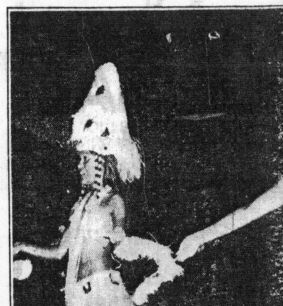

Lanzarán a Un Francés Al Espacio

■ **Amplia cobertura de prensa soviética al término de programa Intercosmos**

de abril, cuyas partes vitales son reutilizables.

Los planes espaciales soviéticos permanecen sepultados por un secreto total —lo que insinúa qué el aparato militar del Kremlin tiene una importante participación en este campo.

nicación soviéticos se han conformado con alabar el éxito de la estación Salyut-6.

PROXIMA PRIMAVERA

La Unión Soviética proyecta en algún momento de la próxima primavera (del Hemisferio Norte) enviar al espacio a una tripulación integrada por uno de sus cosmonautas y un francés, en circunstancias que todavía no fueron divulgadas plenamente.

Desde su lanzamiento, la Salyut-6 ha brindado refugio a un grupo de cosmonautas soviéticos y colegas de Checoslovaquia, Polonia, Alemania Democrática, Hungría, Vietnam, Cuba, Mongolia y Rumania.

Una tripulación binacional soviético-búlgara no logró el acoplamiento en abril de 1979 como consecuencia de una falla de último momento en el cohete propulsor.

Del Merca

avío de Armas Vendidas

a de aviones "Mirage 50" para Chile
ega de un barco de reconocimiento y aviones "Super-Etendar"

rno francés ha cora postura a adoodría afectar a Ara París barcos y

Ministros del Extearles Hernu) discustión.

ercer país del muno suministrará más , a los Estados en, ace la libertad de ha subrayado que "efectuaría una setado el Presidente

mas por unos 7.500 demostrar su crepuestos de trabajo ento. Y al mismo

teimpo se ha de respetar más que ahora los **principios** libertad y los derechos humanos.

ENTREGAS CONFLICTIVAS

La nueva jefatura de Francia podría verse enfrent a problemas en lo que respecta a los encargos efectu por Argentina, Chile y otros países del Cercano Orient

Argentina ha encargado tres barcos de reconocimi del tipo "A 69", equipados con cohetes "Exocet". Dos ron ya entregados, un tercero está casi ultimado. Asi mo otros 14 aviones "Super Etendar" están ya listos entrega. Chile, por su parte, encargó en julio de 1979 total de 16 aviones "Mirage 50".

Irán había encargado en 1974, doce lanchas rápidas padas con cohetes. Tres fueron suministradas después final del régimen del Sha y otras tres esperan, ya li en el puerto de Cheburgo. De las diez lanchas rápidas cohetes, encargadas por Libia en 1974 tres están casi tas, dos en período de prueba.

En el Cercano Oriente, Irak, que a finales de enero cibió cuatro "Mirage F-1" para gran enojo de Israel, pera aún la entrega de otros 56 aparatos de este tipo

Libertad Eco
Estabilidad

- Foro con Gastón Acuña, Genar
  Cruz, Ernesto Illanes y Joaquín

Los Ries
Del Mer

- Habla Domingo Arteaga, presid
- Caso CRAV: "Muy lamentable
  economía no avanza"
- Especulación: "Forma parte de
  CRAV resulta inexcusable" (Ent
  en página D 3)

La Ley que C
La Cara del I
-5-
De Valc

- Proyecto de ley despachado hace
  nes legislativas fija nuevas con
  dades anónimas. Entre otras ca
  voto a los fondos mutuos y fiio

Regional de Ata-

anuncio oficial fue
por el intendente
al, Tte. coronel
dro González Sa-
quien señaló que,
mente, la intenden-
abía entregado al
Mandatario an-
tes y documentos
la necesidad de
o de contar con un
de estudios supe-

só el coronel Gon-
que la Universidad
al de Atacama ten-
plazo de treinta días
resentar sus pro-
s de estudios y ca-
como asimismo los
os correspondien-

tabilidad social y el éxito
económico alcanzado por
Chile durante el actual
Gobierno.

El diplomático, en con-
versación con los periodis-
tas en La Moneda, señaló
que deja el país, después de
permanecer aquí durante
dos años: "Me voy lamen-
tándolo muchísimo, porque
me estaba encariñando con
Chile. Llevo muchas cosas
conmigo a Corea para
emularlas, especialmente
la estabilidad social y el
éxito económico".

Recordó luego el inter-
cambio comercial entre
ambas naciones que ac-
tualmente alcanza a casi
200 millones de dólares y
que es favorable a nuestro
país.

el Canciller René Roja
su viaje se materializa
cuando él lo resuelva.

Naufragó g

TOCOPILLA.— Frente
"San Pedro" de este p
Estela", que había llega
cargamento de diez tonela
te en total, debió lanzars

Según informaciones p
Puerto local, tras las ma
instaló en una de las depe
la hora en que se iniciar
vamente se sintió un golp
traba amarrada, y en cosa
comenzó a hacer agua.

La goleta "Blanca Estel
una eslora de 12,25 metros
metro, es de propiedad d
se desempeñaba Tabilo I

Los propios tripulantes,
para reflotar la goleta, m
disposición de la autorid
investigación sumaria a
ponsabilidades.

BU DE CHU

TODO LISTO PARA CORO DE 80 MIL VOC
¡ATENCION, BAR

de
gir
s.
irá
o-
or.
da sin
an
ue

A

O R

SCUAN

Justo ese día logramos convencer a mi abuela, que nunca sale, para que fuera a quedarse donde mi tía. Es tradicional que los jueves se reúna la familia y por eso no quería irse. Le daba pena dejar a los niños, decía, pero como teníamos el cálifon malo, logramos persuadirla, para que se bañara.

—No quiero ir —decía —Mis niños se van a quedar solos.

Y nosotros: Abuelita, vaya, no sale nunca, la van a llevar.

Como a las cuatro apareció mi hermano, muy nervioso. Le pregunté qué le pasaba.

—Tengo que irme —respondió—, a las siete va a llamar Roberto. Según eso junta y guarda todo, haz un paquete, espera hasta las ocho y, si no llama, ándate. Yo me comunicaré después.

Andaba con un amigo y a mí me dio rabia porque pensé que saldrían a hueviar y al mismo tiempo cachaba que me estaba dando responsabilidades, pero no entendía mucho. Cuando me dijo que juntara todo pensé que debía ser una cuestión más o menos grave.

—No creo que vayas a juntarte con Roberto —le reclamé. Discutimos, le dije que no le creía y entonces él, para convencerme, me señaló al amigo que lo acompañaba.

—¡Pregúntale a él! —me dijo.

—Ya, bueno... —pero yo igual continuaba sin comprender por qué tenía que comunicarse conmigo después de las siete.

* * * * *

Mi hermano se fue como a las cinco, poco antes de que llegara mi pololo. Tipo siete yo ya estaba súper nerviosa. A las siete y cuarto sonó el teléfono. Era mi hermano preguntando si había llamado Roberto. Le dije que no y él me advirtió que no volvería a la casa por el momento.

—¡Saca esas hüevás! —me recordó.

—Ya —le contesté.

Roberto no llamó nunca. Alrededor de las nueve se fue este niño, mi pololo, y después llegaron unos amigos. Yo había alcanzado a juntar las cosas, entre ellas una carta que había dejado mi hermano en caso de que... Se veía muy dispuesto a todo. La carta estaba dirigida a la familia, a cada uno nos decía algo. Claro que eso lo supe después, adentro.

* * * * *

A mi abuela no le gustaba que las visitas se quedaran hasta tarde, ni por muy amigos que fueran. Exigía respeto, silencio, etcétera. En cambio con el abuelo era distinto, mucho más flexible, a pesar de que esa noche salió varias veces de su dormitorio a decirme que ya era tarde.

—Ay, acuéstese tranquilo— le decía yo. Pero después, cuando ya era muy tarde, como a las once, dejaba que alegara. Quería que estos gallos se dieran cuenta que tenían que irse. "El abuelo está choreado por lo tarde," les decía. Pero ni así...

hasta que finalmente se fueron y yo voy saliendo y el abuelo viene y me ataja.

—¿Cómo va a salir a esta hora? ¡Usted no sale a ninguna parte! —Él ignoraba lo que nosotros hacíamos.

—Pero abuelo, tengo que salir. Voy donde una amiga y vuelvo al tiro.

Total que se armó la rosca y no me dejó. Lo peor de todo es que yo pensaba ir en busca de una persona para pasarle el paquete que había dejado mi hermano, pero el asunto es que finalmente no salí, le puse llave a la puerta de calle y me fui a la pieza. En esa época yo no era tan responsable, no tomaba seriamente medidas de seguridad. En ese tiempo yo era incapaz de decir no y punto, estaba sometida a las normas de mi abuelo y lo respetaba por sobre todas las cosas. En el instituto donde estudiaba estábamos haciendo un curso de relaciones públicas y para ese ramo al día siguiente tenía que hacer una entrevista y como una forma de calmar los nervios me dediqué a preparar todas las cosas: la grabadora, un cuaderno, la carpeta y una tenida de señorita. Sabía que mi hermano me iba a retar por lo que no había hecho y ya no habría forma de hacer. Al final me acosté súper nerviosa, con la radio prendida, y tuve puras pesadillas.

* * * * *

Temprano sentí la puerta, más bien dicho la mampara. Chocó y rebotó, debieron abrirla de una patada, pero yo seguía durmiendo, como si esos golpazos fueran parte de mis terrores nocturnos. Después, por los gritos y por la voz de mi abuelo, empecé a despertar, a comprender lo que sucedía, pero continué tratando de dormir hasta que entraron a mi pieza y comenzaron a gritarme para que me levantara. Abrí un ojo y me di vuelta, pero no me duró mucho, poco faltó para que me sacaran del pelo. Pescaron las frazadas y me destaparon de un solo tirón. Me espabilé bruscamente y los vi parados alrededor de mi cama armados con metralletas. Pero a pesar del julepe me resistía a levantarme porque estaba en baby doll y me daba plancha. Por suerte, en seguida se dispersaron por toda la casa, salvo por uno que se quedó para vigilarme. Toda cortada, me senté en la cama cubriéndome las piernas con la sábana.

—¿Puede salir? —le dije.

—Vístete —me dijo.

—Pero puchas...

—No vengái con huevás —me amenazó, pero al final como que se conmovió y se dio vuelta.

—¿Puedo ir al baño a lavarme?

—Sí, pero deja la puerta abierta.

Ahí me di cuenta que la pieza de mi hermano la habían allanado entera. Abrí la llave y me senté en el bidet. Para taparme un poco, con un pie traté de correr la lavadora, para que no me viera otro que estaba parado en la puerta del baño. Me lavé, me sequé y volví a ponerme el calzón. Quería vestirme ahí, pero no había llevado la ropa. Me acerqué al lavatorio y me lavé la cara y las axilas, toda apurada, intentando cubrirme, mirando hacia afuera, demorándome lo menos posible para poder vestirme rápido.

Cuando estaba cepillándome los dientes entró uno medio colorín que hacía de jefe. Era bajo, con el pelo liso, andaba con un impermeable blanco y una ametralladora bajo el brazo. Entró, miró y salió. Encontrarme a solas con él me produjo terror. Terminé lo más pronto que pude y volví al dormitorio. El otro estaba revisando toda la pieza. Se acercó a mi carpeta y recordé que aún tenía las cosas.

—¡Dios mío!

Había dejado el paquete colgado junto al espejo, en un bolso de pita con manillas de madera. Miré para ese lado. Traté de hacerme la simpática, la buena moza, porque como lo encontré tan feo... es decir, como que uno cacha cuando te encuentran buena moza o como que te tratan de no sé qué, te observan. La mirada del tipo me penetraba. Caché que yo le había llamado la atención y le dije cualquier cosa, tratando de reírme. Él comenzó a interrogarme.

—¿Esto de quién es?

—Mío —contesté.

—¿Y qué es?

—Son cosas del instituto.

—Ah... ¿estudias?

—Sí, secretariado.

—¿Y cómo te va?

—Bien, regio, pero no me gusta, estoy estudiando esto porque se me dio la oportunidad, pero en realidad yo hubiera preferido seguir Historia. Tiritaba, pero aproveché que estaba en baby doll como una salvación para que se alejara del bolso. Sabía que ahí estaba la carta de mi hermano. Utilicé la parte física mía y la seguí utilizando posteriormente.

Él era moreno, muy flaco, usaba un chaquetón de castilla negro. Estábamos en pleno invierno y yo sin embargo me sentía acaloradísima, roja como tomate. Después el gallo se dio vuelta y, dejando la carpeta abierta, abrió la cómoda y se puso a sacar todo. Yo lo dejé no más, siempre preocupada del bolso.

Me miré al espejo, no sé qué cuestión hice con mi pelo y me puse un pinche porque, para variar, no encontré la peineta. Quería seguir explotando la situación de encontrarme medio pilucha. A mí lo único que me preocupaba era el bolso de pita.

Abrí y tiré del cajón del ropero y saqué la ropa interior y empecé a mover los trapos, tenía el ropero lleno. En ese momento el gallo me miró.

—Tenís harta ropa lola.

Yo pesqué esa huevá y empecé a correr los pantalones colgados de un lado para otro. Y los vestidos, aunque jamás me pongo uno. Saqué un pantalón rosado que me quedaba bien y una polera de ese mismo color.

—¿Me puedo ir a vestir al baño? —pregunté.

—Claro —me dijo—, pero tenís que dejar la puerta abierta.

—Puchas, pero es que están afuera...

—Vístete acá, yo me doy vuelta.

Bueno, me puse detrás de la puerta del ropero, lancé la ropa en la cama y empecé a vestirme.

* * * * *

Al rato llegó el colorín que hacía de jefe, el que daba las instrucciones –*quédate acá, tú anda para allá, vigila al viejo*–. Yo me asusté y casi me pongo a llorar porque justo en ese momento mi abuelo pasó escoltado para el baño, abrochándose la bata, descalzo y con un solo calcetín.

¡*Mi abuelo*!, pensé, aunque me había picado con él en la noche y lo había tratado de viejo ridículo. En ese lapso me pasé todas esas películas y me arrepentí, me odié. Entonces el jefe empezó a conversar conmigo.

—¿Oye, y tú militái en algún partido?

—No —le dije—. No, na' que ver.

—¿Segura?

—Segura...

—¿Pero cómo? Nosotros andamos buscando a tu hermano; tu hermano anda poniendo bombas, mató a un carabinero.

—¡No puede ser, na' que ver! —respondí riéndome, sin hallar cómo meter que yo pertenecía a una secta hindú. Yo tenía una foto de un gurú, de un maestro perfecto, la tenía pegada entre el living y mi pieza. Yo ya me había alejado de eso, pero como me la había regalado un amigo muy querido, la conservaba y ahora pensaba que me sería de utilidad. Pero el tipo era muy directo, hacía preguntas como para un sí o un no, nada más. Si yo empezaba a meterle cháchara me iba a parar.

—A ver, tú me vas a acompañar. Conversemos los dos, si tú te portas bien no vamos a tener ningún problema.

—Ya, no sé, pregúnteme...

Debía tener unos 28 años, era joven, pero yo lo trataba de usted. De repente lo llamaron.

—Acompáñame —dijo.

Partimos para el living –ahí estaba la foto del gurú– y le dicen algo así como *este huevón no está en la casa.*

—Bueno. Decláralo prófugo de la ley.

¡Chucha! Para mí prófugo de la ley era un término demasiado tremendo. *Mi hermano, no puede ser*, pensaba.

Y en eso el tipo, yo no sé si por magia, ve la foto justo a la entrada de mi pieza.

—¿Y éste quién es? —me pregunta.

—Es un maestro perfecto.

—¿Cómo? —dice, riéndose.

—Claro —dije yo—, soy de una secta hindú, de la Misión de la Luz Divina.

Y tratando de hacerme amiga...

—¿Ha oído hablar de él?

—Sí, por ahí —me dijo.

—¿Pero tú andái metida en eso?

—Sí —le digo.

—¿Hace cuánto tiempo?

—Hace como tres años...

—¡Soy pichulera ah!

Entonces me reí.

—¿Por qué?

—Porque tú creís que nos vai a engrupir...

—No, pero si nada que ver. Estoy contando nomás.

—¡No, ya, cuenta la firme!

* * * * *

Nos fuimos al hall chico y abrió uno de los estantes donde mi abuelo guardaba cosas. Bueno, yo sabía que él tenía una escopeta, que se la había pasado a mi hermano, se la había vendido o una cosa así. Él solía cazar antes... En ese momento me acordaba de cosas que me había enterado de puro copuchenta y presentía que me iban a pillar. Tenía cargo de conciencia. Y miedo. Por esa arma, ese estante para mí era terrorífico, pero el tipo no encontró nada, revolvió unos cuantos cachureos y cerró. Después se metió a la despensa, miró así no más, nos devolvimos y entramos a mi pieza.

—¡Me encantan las carteras de mujeres! —dice.

Ya, pensé, *la cartera no importa*. La había dejado lista para ir a la entrevista como toda una dama. Era una simple cartera y me tranquilicé. Ningún problema. Pero de repente veo que saca el bolso de pita y lo da vuelta en la cama.

—¿Y esto qué es?

Me puse roja, los ojos se me llenaron de lágrimas. ¿Qué cresta hago? Mi hermano me dijo que me lo llevara. Quise morirme, estaba tiritando.

—¿Esto qué es? —repitió.

—No sé...

—Mira, sabís que más, no vengái con huevás. ¿Cómo no vai a saber si esto está aquí en tu pieza? Y empezó a desamarrar el paquete.

—¿Así que no sabíai?

—No, no sabía lo que había adentro —le dije.

—¿Y esto de dónde salió?

—No sé, a mí me pasaron el paquete así.

—¿Quién te lo pasó?

—Mi hermano...

Fue ahí donde me vinieron más deseos de llorar. Mi hermano me había dicho que en último caso lo cargara a él. En realidad no sé si me habrán corrido las lágrimas, pero por dentro estaba llorando a mares.

Él comenzó a revisar los documentos: cinco *Rebeldes*, una cuestión de la DC y la carta. Algo me había dicho mi hermano cuando la estaba redactando y yo entré a su pieza. Por eso más o menos sabía de qué se trataba, sabía que era un testimonio de él, que estaba decidido a todo.

El colorín sacó la carta, la extendió y empezó a leer en silencio. Después pescó todo el paquete y me dijo:

—Lo siento mucho, pero vas a tener que venir con nosotros.

—¿Pero por qué?

—Mira, si te portái bien no vai a tener ningún problema y vai a volver al tiro.

—Ya, ojalá.

—Acompáñame —me ordenó. Y me dejó sentada en uno de los sillones del living, mientras en el otro sillón había un tipo joven, rubio, muy, muy buen mozo, que empezó a conversarme cosas na' que ver. Yo, riéndome, le comenté que no entendía nada. Entonces él me dijo que era mejor que no entendiera. Y después la típica pregunta *¿oye, y tú qué hacís?* Así comenzamos a hablar y yo medio que trataba de verlo. Es decir, el hecho de que fuera joven me acercó y lo tuteé y empecé a contarle lo que hacía, que estudiaba secretariado, a meterle onda de que iba a bailar. ¡Puras huevás na' que ver!

Me preguntó qué música me gustaba.

—Escucho pura FM.

—A mí igual, me encanta.

—Sí, porque en las otras radios dan muchos reclames, son súper pencas, súper cebolleras. ¡Me fascinan los Bee Gees! —le dije, haciéndome la enajenada.

Era altísimo, andaba con una parka azul de esas infladas y con blue jeans, onda lolo. Debía tener mi edad y, como todos, andaba con un brazalete del ACS, del comando ACS. Una franja blanca con letras rojas.

—Oye ¿y eso para qué es?

—No, éste es el distintivo de nosotros...

En eso entra el jefe, el flaco que estaba en mi pieza y uno gordo, bien lumpen.

—¡Ya, movilicémonos!

—Se va el viejo y la lola —dijo el jefe.

* * * * *

Había una persona más que solía dormir conmigo en la pieza, pero que estaba haciendo turnos de noche en una clínica y que cuando llegó por la mañana se encontró con la mansa ni que sorpresa. Adela se llamaba, era ciudadana francesa y no se atrevieron a tocarla cuando mostró su carnet de identidad, pero en el segundo cajón de mi cómoda le encontraron algunos materiales, la revista *Solidaridad*, la revista *Análisis* y otras cosas por el estilo. Alcanzamos a hablar un momento antes de que me descubrieran el bolso.

—Tengo unas cosas y estoy cagada de susto —le dije.

—Cagamos —me respondió. Y para ponerme más nerviosa, —tranquila, de ésta no se libra nadie— agregó.

Ella es muy acelerada y a estas alturas está medio loca y producto de su soledad siempre ha sido muy buena para hablar y transmitir. Habla sola de repente. Entonces yo no le di mucha importancia, para mí la Adela era rayada y se rayaba nomás.

Cuando entró el colorín a decir *estos huevones se van, se va la lola y se va el viejo*, de repente, no me acuerdo de dónde, apareció ella reclamando.

—¿Por qué se llevan a la niña? Es menor de edad y además usted no es nadie. No puede hacerlo.

—Lo sentimos, pero la tenemos que llevar no más. Es la única que nos puede proporcionar información acerca del paradero de su hermano.

Ella me miró, tenía cara de cuco y me asustó más todavía.

—Ya, vamos.

—Usted se queda —dicen, refiriéndose a la Adela.

El flaco, el negro, pescó el teléfono y dijo "llevamos medio paquete, el otro está prófugo." En ese momento todos estábamos en el living.

—Vamos.

Yo me paré y dije una estupidez: "qué chori, una aventura". Y después, dirigiéndome a la Adela: "si me demoro no te preocupes, voy a volver al tiro. Si no llego, por favor mándame las píldoras", agregué, y todos los huevones se cagaron de la risa.

En realidad yo tomaba un remedio, Lexotanil, porque venía saliendo de la detención del 1 de mayo y estaba recuperándome. Es un antidepresivo, un psicólogo me lo recetó. No quedé muy bien después del primero, no quería ir a clases por ejemplo, porque todo el mundo sabía que había estado presa.

* * * * *

Empezamos a salir, yo detrás de mi abuelo.

—Mijita, tranquila —me cuchicheó él.

—Sí abuelito, no se preocupe usted.

Afuera nos esperaba una camioneta roja. Era una Ford antigua con fierros para ponerle capota de lona. Tuve que subirme con ayuda porque los pantalones me quedaban tan estrechos que no podía levantar las piernas. Media vecindad estaba mirando y el negro viene y grita:

—¡Éntrense viejas copuchentas! Y las viejas se asustaron y se encerraron.

A todo esto yo digo "no me puedo subir", y vino el lolo, el rubio, y me auxilió, tomándome del brazo, pero con mucha delicadeza. Una vez arriba fui a sentarme en el suelo, al lado de mi abuelo.

—Abuelito —le dije, tomándolo de la mano— no se preocupe, no va a pasar nada, vamos a volver luego.

—¡A ver, nada de estar conversando! —nos regañó el negro— ¡Calladitos los dos!

En eso se subió el rubio a la camioneta.

—Lo siento lola, pero voy a tener que ponerte scotch.

—¿Para qué? —le pregunté, riéndome.

—Es por mejor.

De repente aparece el jefe.

—No —dice—, no le pongái scotch todavía.

Bueno, se subieron todos. El rubio y otros tres adelante y atrás, con nosotros, el negro, el lumpen y otro que tenía la cabeza cuadrada, alto, bien alto y que se instaló hincado al lado de la cabina donde íbamos con el abuelo. Y los otros dos, hincados también, pero en el borde de atrás. Doblamos en Huérfanos con Brasil y, frente a la bomba de Compañía, nos detuvimos y se acercó el negro para cubrirnos los ojos con scotch al abuelo y a mí.

—Listo —gritó y volvimos a partir.

Yo trataba de abrir un ojo por lo menos y me fui contando las calles, calculando por dónde íbamos.

—¿Estái viendo? —me preguntaron.

—No.

Realmente no veía porque no me atrevía a mirar. No quería abrir los ojos, pero después empecé a forcejear con el párpado y veía por un lado, aunque me perdí cuando nos metimos en los hoyos de la Panamericana. Tenía demasiado susto. Temía que advirtieran que había abierto los ojos, o sea el ojo, y ahí me perdí.

Finalmente llegamos a un callejón, o esa fue mi impresión quizás por la estrechez al momento de bajarme. Tuvo que agarrarme un tipo de cada lado. Cuando íbamos caminando nuevamente intenté abrir el ojo y, aunque sólo lograba mirar el suelo, podría asegurar que era un callejón.

Entramos en medio de un gran despliegue. Hombres corriendo de allá para acá, gritando y llamándose: negro, pelao, flaco, etcétera. Franqueamos un portón de lata negro, de eso sí que estoy segura, y recorrimos una serie de pasillos donde me volvió a entrar el miedo, hasta que me dejaron parada por ahí. Una tipa que después logré ver se me acercó y se quedó como cinco minutos a mi lado, vigilándome supongo, hasta que fui pasada a una salita chica donde había una mesa y un sillón. Me ofrecieron café y repentinamente apareció el rubio.

—¿Sabís quién soy yo? —me preguntó.

—Sí.

—¿Quién?

—El rubio.

—Ah —me dijo —me reconocís la voz.

—Sí —le respondí.

—Bueno lola —siguió—, vamos a conversar aquí para que no tengamos problemas y si tú hablas te vas a ir a tu casa tranquilamente.

Y empezó.

—¿Dónde está tu hermano?

—No sé.

Yo me daba cuenta de que estaba rodeada de gente, o sea de tipos.

—¿Pero cómo no vai a saber? Es por el bien de tu hermano. Si no va a ser peor.

—No sé, realmente no sé —mentí, porque yo sabía donde encontrarlo.

—¿Qué amigos tiene tu hermano? ¿Con quién se junta? ¡Dinos nombres!

—Es que yo poco me meto con él —seguí fingiendo.

—¿Por qué?

—Porque nos llevamos mal, pasamos peleando.

—¿Y sus amigos?

—No sé. Son muy locos.

—¿Ah, son muy locos? —dijo y dio un tremendo golpe sobre la mesa.

—¿Dónde está tu hermano? —me gritó.

Yo pegué un salto.

—No sé —dije y me puse a llorar.

—¡Dinos los nombres de los amigos de tu hermano! Supongo que irán a tu casa.

—No sé... Yo no paso en la casa.

—¡No vengái con cosas! ¡Tenís que conocer a más de alguno!

Yo no hallaba qué hacer y le dije: Hay uno que se llama Jorge... Era un gallo de Patria y Libertad, pero muy amigo de mi hermano, todavía lo son.

—¿Dónde vive?

—Es que no sé, pero vive en el barrio... por San Pablo con Riquelme. En realidad vivía en Riquelme con Santo Domingo, pero me daba miedo que supieran más cosas por temor a contradecirme y a que me pillaran.

—¿Qué otro amigo? ¿Con quién más se junta? Compañeros de curso...

Le nombré dos compañeros que yo sabía que na' que ver. Uno de ellos súper enamorado de mí y súper facho.

—¿Quién es el íntimo amigo?

—Uno que se fue a Estados Unidos.

—¿Quién es?

Le di el nombre porque ya no vuelve, además que na' que ver.

Me siguió preguntando.

—¿Qué hace tu hermano?

—La práctica, está haciendo la práctica.

—Cuéntanos todo lo que hace desde que se levanta.

—Es que no sé. Yo me voy a clases en la mañana.

—¿Pero llegas a almorzar?

De pronto, alguien dice: ¡Al médico, llévenla al médico!

Yo no entendía para qué, es decir jamás pensé que iba a llegar donde llegué.

Me llevaron por un túnel acolchado. Al menos la entrada debía ser muy baja, porque me advirtieron que me agachara, yo no hice caso y me di un golpe en la cabeza. Entré y como las lágrimas me habían despegado bastante el scotch pude ver a un tremendo gallo con delantal blanco y cara de bueno, con anteojos. Desentonaba ese tipo enorme en un recinto tan estrecho.

—¿Estás nerviosa? —preguntó.

—Sí —le dije—, muy nerviosa.

—¿Por qué?

—Porque no entiendo nada de lo que pasa.

—Tienes que estar tranquila nomás, colaborar con los amigos, no vas a tener ningún problema.

—Sí, pero colaborar en qué si yo no sé nada de lo que me preguntan.

—Bueno, pero quédate tranquila. Y empezó a preguntar por mi estado de salud. Cómo estaba mi sistema nervioso, y lo primero que me preguntó fue por el corazón.

Le dije que no había tenido ningún problema.

—¿Y el sistema nervioso?

Esta es la mía, pensé, *Me hago la víctima.*

Le dije: "sabe que yo estoy bien enferma de los nervios, estoy en tratamiento". Le metí todo ese cahüín. Y seguí: "Yo no sé cuánto rato voy a estar aquí y no traje mis remedios y necesito tomarlos, por eso estoy tan nerviosa y mal".

—¿Qué remedios tomas? —preguntó.

—Lexotanil —respondí —y Diazepam.

Diazepam no estaba tomando, pero sabía que a mi abuela le daban para los nervios. —Veremos cómo solucionamos eso —me dijo.

Después me hizo abrir la boca, me miró las amígdalas, me puso el aparato ese acá, me hizo un chequeo súper ratón, escribió mi nombre, mi edad y listo.

—¡Llévensela nomás! —dijo.

* * * * *

Volví al lugar donde me habían interrogado.

—¿Sabís quién soy yo?

—No sé —dije, súper picada.

El rubio dio otro golpe en la mesa.

—¿Así que no sabís quién soy?

Ahí me dio julepe.

—El rubio —dije.

—Ah, ¿viste que tenís buena memoria? Te acordái de mí y no me vai a olvidar fácilmente.

Y enseguida insistió con el asunto de mi hermano.

—¡No sé! ¡No sé! ¡No sé! ¡Déjenme tranquila, yo no sé nada!

Entonces el gallo se puso de pie y salió. Demoró unos diez minutos en volver.

—Huevona de mierda —gritó y me chantó una cachetada—. Nos pichuleaste. ¿Sabís en qué andaba arriba? Fui a decir que te dejaran en libertad.

—Llévensela —gritó.

Y otro que recién entraba...

—Está listo.

Era el jefe, que traía la carta y todas las cuestiones que estaban en el paquete que me había dejado mi hermano.

—Listo —repitieron y abandonaron la sala.

Me quedé sola, tratando de mirar para todos lados. Nuevamente se escuchó un despliegue de zapatos, carreras y pasos, golpes y voces de mando. Al rato regresan y el rubio dice: Váyanse, déjenme solo con ella.

Chucha me va a violar, pensé yo. Y él: "cierra los ojos que te voy a sacar el scotch". Y justo me destapa el ojo con que yo

91

estaba viendo.

Me muestra un carnet.

—¿Conocís a este gallo?

No sabía si decir sí o no.

—Sí, sí lo conozco.

—¿Quién es?

—Un compañero de curso de mi hermano.

—¿De dónde?

—Del colegio, del liceo, años atrás...

—¿Y qué hace este huevón?

—Nada, me cae mal, porque es marihuanero —instintivamente quise limpiarlo, sin saber que esas cosas se podían hacer, yo nunca antes había...

—¿Cómo le dicen a este gallo?

—Se llama Gonzalo.

—¿Y conocís a un tal Chalo?

—No, no lo conozco —dije yo. Negué.

Fue repenca esa cuestión, porque él, en el interrogatorio, dijo que le decían Chalo y por esta contradicción conmigo lo vapulearon mucho. Más tarde yo me di cuenta, pero en ese momento dije no, para mí es Gonzalo y punto.

Después llegaron con el carnet de mi hermano. Tapan el nombre y me muestran la foto. Salté.

— ¡No!

—¿Quién es este huevón?

—Mi hermano.

Me pusieron nuevamente el scotch. Me sacaron al pasillo y me dejaron otra vez de pie junto a un muro. En eso viene una tracalá de gallos, miro hacia el suelo y reconozco los zapatos de mi hermano. Venía entrando en ese momento. Allí donde yo estaba parada el pasillo doblaba en ángulo recto y en uno de sus lados estaba la oficinita de los interrogatorios. Comencé a llorar: "mi hermano, mi hermano, mi hermano". Y la tipa que me vigilaba —la misma del principio —me dio un combo en la boca del estómago.

—No vengái con huevás aquí. Párate derecha y date vuelta para la pared.

Me di vuelta y seguí llorando. *Mi hermano, mi hermanito lindo.*

Pero lo más terrible de todo es lo que empecé a escuchar, porque principiaron a pegarle al tiro.

—¡Así que mirista el conchasumadre! —zas, charchazo.

Lo sentí caer y como lo pateaban y recordaba lo que me había dicho sobre el paquete y los huevones que esa noche no se iban nunca, y pensaba por qué mierda no les habré dicho que se fueran... tal vez se habría evitado todo esto.

Mientras tanto, seguían apaleando a mi hermano, hasta que al fin lo sentaron y comenzaron a interrogarlo igual que a mí, y cuando él decía "no sé" le aforraban otro cacho. A uno se le desarrollan mucho los sentidos, oía primero la pregunta y después el mazazo.

De pronto salió el jefe, vinieron a buscarme, tuve que subir una escalera, pasar por una parte, llegar hasta una pieza donde vi un camarote. Estaba repleto de tipos que comenzaron a reírse cuando yo entré.

—Oye, está re buena la flaca.

—Aquí vamos a tener que pelearnos.

—¡Rica!

Y luego.

—Ya flaca, desvístete.

—No, no quiero.

Se me acercó la galla.

93

—¡Te vai a desvestir..! —y me arrancó de un tirón el chaleco, un chaleco blanco y grueso que había llevado.

—Ya, empelótate —siguió—. Sácate todo, los anillos y todas las cosas.

—¿Los aros también?

—Sí, todo, todo, todo.

Yo me movía lo más lento posible, tenía demasiada vergüenza, sabía que estaba rodeada de tipos mirándome. Los vi cuando entré y después realmente no quise mirar. Me saqué la polera y se me soltó una cadenita con una figura de hueso que andaba trayendo y que para mí tenía mucho significado. La quise recuperar, alcancé a agarrar una parte que se enganchó en el sostén, la saqué disimuladamente, traté de metérmela al bolsillo. Lo único que quería era recuperar esa huevá, una especie de media luna de marfil. Bueno, se perdió no más esa cuestión. Tampoco me quería sacar el reloj, que era de mi mamá, ni el anillo que ella me había regalado, ni nada, pero todo eso se perdió. Yo estaba mareada y no sé bien por qué. Había perdido el equilibrio. Parecía borracha. Cuando empecé, bien despacio, a sacarme el pantalón, la galla me pescó de la pretina (yo me había soltado el broche) y me hizo así, bien fuerte.

—¡Ya rápido, sácatelo luego!

Ese pantalón me quedaba muy apretado. Me saqué una pierna, siempre intentando cubrirme, y al levantar la otra pierna me fui para el lado y justo me apoyo en el camarote, que era bien bajito.

Bueno, me saqué el pantalón, pero todavía me resistía a sacarme todo y no hallaba cómo decir *¿me tengo que sacar los cuadros?* o decir *¿me saco todo?*

Yo entendía perfectamente que estaba rodeada de tipos y hablaba sabiendo que siempre había alguien frente a mí. Tal era mi plancha que no quería ni mirar, me daba vergüenza pensar siquiera que me estaban observando. Decidí no abrir los ojos y pregunté *¿me tengo que sacar todo?*

—Sí —me dijo la mina —. Todo, todo. ¡Sácate los calzones! —me gritó. ¡Sácate los calzones y los sostenes también!

Traté de meter conversa para ganar tiempo, hablar de cualquier cosa, pero no dijeron nada. Tuve que desnudarme entera. Entonces me tomaron y me acostaron en el catre.

—¡Estira las piernas y abre los brazos!

Y llega uno de los gordos —en ese momento abrí el ojo—, era uno de los lumpen que había estado en la casa y me dice *¡abre las piernas!*

¿Abrirme de piernas delante de esos tipos? Bueno, vengo y las abro un poquitito. Y uno de ellos pregunta "*¿vos te acostái?*" Yo le iba a decir que no, pero, pensé, *igual se van a enterar*, porque creía que me iban a violar, o sea, no pensé en ningún caso que era la parrilla, había oído hablar muchas veces pero no imaginaba que fuera eso.

—¿Vos te hai acostado?

—Sí —dije yo.

—¿Pololiái?

—Sí.

—¿Con quién?

Ahí metí un cahuín grande y bien confuso. Hablé de un huevón na' que ver y al final me dijeron que era maraca porque andaba con dos gallos: el sobrino de un General, que mencioné por conveniencia, y otro que supuestamente había conocido por intermedio de la Vicaría.

—¿Y cómo conociste al de la Vicaría?

—Bueno, porque tenemos familiares desaparecidos y conversamos y nos hicimos amigos y él me ayuda en un ramo,

Legislación laboral, pero como amigos. Siempre tratando de decir que solo éramos amigos. Pero igual me decían maraca.

—Oye, estas huevonas son maracas.

—Las putas.

—¡Abre las patas ya!

Yo de nuevo separé mis piernas bien poquito. Como había surgido esta conversación, disimuladamente fui juntándolas. Eso era lo que yo pretendía. Me sentía terriblemente ridícula con las piernas abiertas.

—¡Ya, ya, abre!

Bueno, les hice caso.

—Y cómo cuando te meten el pico no tenís ningún problema.

Ya, abrí las piernas, me amarraron y me quedé callada esperando que me violaran. Pero volvieron con las preguntas y las burlas. Había leseras que yo no pescaba porque lo único que querían era reírse, ridiculizarme y avergonzarme con situaciones muy íntimas. El hecho de que uno se acueste con un tipo es algo muy personal y que todos estuvieron informándose de mis cosas me tenía de lo peor y más encima que me vieran con las piernas abiertas. *Estos gallos se deben pasar las películas de cómo lo hago y no lo hago*, pensaba. Y, bien amarrada, procuraba ponerme de manera de no darles oportunidad de imaginarse nada. Trataba de juntar las piernas, tiritando de frío y vergüenza.

En eso llegó el rubio.

—¿Sabís quién soy yo?

—Sí, el rubio.

—Ya —me dijo—, nos vai a contestar todo y colabora, si no te va a ir muy mal.

Y empezaron a preguntar. Nuevamente si militaba en algún

partido. Miles de veces hacían la misma pregunta para ver si me pillaban en algo.

—¿Nunca hai salido, nunca hai hecho nada?

—No.

—¿Nunca hai ido a manifestaciones?

—No, nunca nada.

Entonces, sentí que un gallo que estaba sentado a mi lado se para y me pone una huevá acá y otra acá.

—¿Así que nunca hai salido a ninguna parte? —Y me dan el primer impacto. Salté y grité. No sé qué grito habré dado. Después, segundo impacto. El primero no había sido tan fuerte, sino que me pilló desprevenida.

—¿Así que nunca hai hecho nada?

—No, nunca —respondí y se cagaron de la risa entre ellos.

—¿Tú creís que somos tontos? ¿Tú creís que no sabemos que estuviste presa para el primero de mayo?

Ahí cagué, traté de inventar historias, que había salido con mi abuelita, meter cualquier cahuín. Pero inútil, me empezaron a preguntar por el Nacho, a correr mano, me tocaban aquí, me tiraban los pelos, el rubio me daba papirotes en las pechugas y estaba harto rato preguntándome.

—¡Dinos! —gritaban.

Después otro gallo empezó a sobarme y a decirme "tenís ricas tetas". Esos eran los términos que usaban. No supe quién era, pero sentí el cambio y recordaba el placer de hacerlo con la persona que uno quiere. De repente empezaron con eso de *te vamos a culiar* y yo me acordé de la ex compañera de mi hermano que violaron cuando estuvo presa en el 75. Ella me había contado ese rollo y tenía todo muy claro. *No me importa que me violen estos huevones*, pensé, *aunque vaya a quedar traumada*. Imaginaba que hacía el amor con mi pololo mientras ellos me tocaban, se reían, me hueviaban.

—Te vamos a violar flaquita. Cuenta la firme. ¿Qué tipo de relación tenís con el Saavedra?

—...

—¿Eres la mina, la compañera de él?

—No, no.

Ahí me mandan el tercero, que fue mucho más largo y que ya no pude soportar. Me desmayé, perdí el conocimiento y al despertar, desnuda en ese camarote metálico, me hicieron firmar un papel que nunca supe que decía.

—¿Así que no conocís a Ignacio Saavedra?

—No, no lo conozco.

Y empiezan a leer una carta mía, una de las tantas que tenían, y justamente la relación que yo tenía con el Nacho era una relación, digamos, de compañeros; mejor dicho, de amigos, porque trabajábamos juntos, pero no era una relación sentimental, aunque él me lo había planteado y en una de las cartas que ellos tenían estaba la cuestión. Eso me favoreció, porque en ese tiempo yo era bien inconsecuente, a pesar de militar desde los catorce años todavía no tenía la base como para llegar a ser bien consecuente con lo que pensaba. Entonces el Nacho era muy duro en sus cartas y me acusaba de pequeño burguesa. Esas cartas me las pillaron en la casa y las respuestas en la casa de él. Fueron bastante ásperos con esa cuestión, porque querían saberlo todo acerca de este niño y yo ni siquiera sabía que su verdadero nombre era Ignacio.

Después me sacaron del catre, me dejaron tranquila un rato.

—Ya, que descanse.

El rubio me dio dos cachetadas.

—No tiritís huevona.

—Pero tengo frío...

—No tiritís.

—Bueno —le dije yo— voy a tratar. Pero seguí temblando.

—Que se vista.

* * * * *

Terminada esa sesión fui llevada al pasillo donde había estado antes y cacho un montón de gente parada ahí. Me pusieron una venda arriba del scotch que tenía en los ojos. A los otros —después me di cuenta —se los sacaron primero, o sea que al gallo que me vendó se le fue, pero de todas maneras quedé mirando y vi los zapatos de mi hermano. Estaba al lado de él.

—Flaca, fuerza —me dijo y nos tomamos las manos. Él estaba esposado y yo manos atrás. No sé cómo lo hicimos.

De pronto llegó el colorín, lo caché por la voz.

—Ahora vamos a jugar al dispare usted, disparo yo.

Eso era para que Nacho nos reconociera. Yo nunca esperé ser reconocida, en ningún caso pensaba que él nos iba a reconocer y me dieron ganas de gritarle maricón. Mi hermano dice que lo hice, pero realmente no recuerdo, estaba muy mal, me caía, ya como que no pensaba ni coordinaba.

Después nos separaron. A mí me condujeron a una celda y al poco rato llegó el rubio.

—¿Sabís quién soy yo?

—Sí, claro, el rubio.

—¿Pero qué rubio?

—El rubio de parka, alto.

Y le dije "te pido un favor, sabís que me muero de ganas de fumar".

Él fue a buscar un cigarrillo y se quedó un rato conversando.

—¿Y tú qué hacís? —era lo mismo que me había preguntado en la casa.

—Salgo, voy a fiestas.

Empecé a contarle que un día en una fiesta nos fumamos unos pitos... Bueno, yo en realidad me había fumado unos pitos, pero nunca en una fiesta. Empecé a inventar: *yo tengo una amiga súper loca; con ella salimos, nos vamos a la playa...* Le contaba puras tonteras.

—¿Qué haces los fines de semana?

—Salgo, voy a fiestas, voy a bailar.

Fumaba tranquila, con las manos esposadas adelante. Cuando él llegó me dio tranquilidad y principié a inventar. Yo no sé de dónde saqué tantas patas. ¡Sí hasta creé una amiga y la bauticé Jeannette! ¿De a dónde?

—Y yo con la Jeannette somos súper locas. ¡Sabís que nos vamos a bailar! La otra vez fuimos a una fiesta, después nos fumamos unos pitos, nos fuimos a bailar y después todo el grupo dijimos ¡vámonos a la playa! Y nos fuimos a la playa... Y yo estaba súper asustada porque no había avisado en mi casa y mi abuela es terriblemente estricta. Estábamos en El Quisco y viajamos a San Antonio para llamarla por teléfono. Le dije: *sabe abuelita, estoy en un asado, recién vamos a comer y más tarde me voy*. Y que la abuela me había retado. Y él entremedio preguntaba.

—¡Chuta! ¿Y tu abuelita qué te decía? ¿No quería más?

—Sí, estaba indignada. Yo la llamé diciéndole *estoy en un asado*, para que no me dijera *véngase inmediatamente*.

Además le conté que el domingo en la noche había llegado muy campante y la abuela me había dicho *retírate, no quiero verte nunca más por aquí*.

Después salté a otro tema: "En el instituto vamos a elegir

una reina de belleza y me han propuesto a mí".

—¿Ah sí? Qué bien. ¿Qué requisitos les piden?

Y empezó a preguntar de la fiesta y si podríamos ir.

—Claro —le dije —Sí, podís ir.

Es decir, no le dije *sí, podemos ir*. Le dije *sí, podís ir*.

—Va a costar treinta pesos la entrada.

—¿Pero va a ser en el instituto?

—No, no sé si en el instituto o se están consiguiendo un club.

—Ah —exclamó—. Podríamos ir, ahí podríamos vernos.

—Claro. Sería el descueve.

—Bueno lola, me voy a tener que ir. Más rato te vengo a ver.

—Ya, chao. Ven a verme.

—Sí, voy a venir.

* * * * *

Mucho más tarde volvieron a llevarme a la parrilla. Me sacaron las esposas y me ordenaron que me quitara la ropa. Me desvestí, sola me puse en la camilla, abrí las piernas sin hacer comentarios, me amarraron, nuevamente me aplicaron la corriente y no me desmayé. Recuerdo perfectamente que me preguntaban y me aplicaban corriente, bien suave al principio, o a lo mejor ya no sentía, extenuada de tantas preguntas e inventos. El hecho de que ellos supieran que yo había estado detenida el 1^{ero} de mayo me delataba, por eso traté de contar cosas no tan pencas, decir algo creíble, aunque dudaba que me creyeran. Y entre tanto me di cuenta que le estaban dando a mi hermano.

—¿Así que tu hermano anda poniendo bombitas?

—No puede ser...

Tenía la boca seca y amarga y apenas podía hablar porque

se me pegaba la lengua.

—Pero si él mismo nos dijo que tú lo ayudábai.

—¿Yo? Nada que ver.

—No, en serio. ¿Cuántas pusiste?

—Ninguna.

—Pero cómo, si tu hermano dice que sí.

Me dieron duro con esa cuestión, cinco impactos, luego me hicieron vestirme, me condujeron a otra celda que tenía las paredes completamente blancas. Ahí se dieron cuenta de que tenía el scotch debajo de la venda.

—¿Te tienen con scotch?

—Sí.

—No, sáquenselo.

Me ofrecieron té y no quise, creí que me iban a envenenar. Me armaron cama y todo el asunto, pero me quedé despierta la noche entera, temiendo que me fueran a matar y desaparecer para siempre.

* * * * *

Al día siguiente perdí la noción del tiempo, o sea, supongo que era el día siguiente, porque vendada, en esa pieza toda blanca y sin ventanas no sabía qué hora era, ni si había pasado la noche o no. Había una luz súper fuerte y un pito que sonaba sin cesar y que parecía salir de una rejilla. Como al tercer día ese sonido me tenía loca y de repente, cresta, alegaba sola. Recuerdo que me puse a llorar a todo chancho y uno de los tipos se acercó a hablarme y a hacerme cariño, era nuevo, nunca antes había escuchado su voz.

La primera vez que acepté el té me quedé dormida como un tronco, caí desplomada y al día siguiente desperté con un perro langüeteándome, un quiltro enorme. Cuando me fue a ver el rubio, el lolo, se lo comenté.

—Sabís que no soporto la venda —tenía la picazón.

—Bueno, como tú ya me conocís, sácatela un rato —y él mismo me la levantó.

—Sabís, no sé si soñé o había un perro langüeteándome.

Él se rió.

—No, si hay un perro negro, bien grande.

Me quedé reasustada, porque una vez cuando chica escuché que al frente, en la calle Agustinas, había una casa de putas y maricones y que uno de ellos se pescaba o se hacía pescar por un perro —comentarios que corrían entre la gente de mi edad— y, claro, yo lo relacioné y pensaba que a lo mejor este perro estaba adiestrado y quizás qué me haría. Aunque en realidad sólo me langüeteaba la cara y las manos, imaginaba que me iba a lamer el cuerpo entero. Yo estaba tendida de espaldas sobre la colchoneta, cubierta con la frazada, había dormido bien, me sentía descansada y confortable, pero bastante adolorida, porque como dormía esposada me pegaba cualquier cantidad al darme vueltas. Amanecí con las manos marcadas, incluso la cara hundida aquí en el pómulo. Permanecía silenciosa, un poco incómoda, atemorizada de que el rubio me fuera a hacer algo, a pesar que lo encontraba muy simpático. Por ejemplo, de repente me arregló la ropa, me tapó, pero yo todo el rato con la mirada fija en el techo. Él estaba en una silla a mi lado.

—Te vi cuando estabai desnuda —me dijo —y me gustaste harto. Me gustó cuando gritabas.

Yo no sabía qué decirle.

—¿Sí..? —fue un "sí" bien asopado.

—En serio —me dijo él.

Y como que insistía, como que quería seguir diciéndome que yo le había agradado. De pronto sentimos bulla afuera, pasos.

—Te voy a tener que bajar la venda —me dijo—, andan por ahí y me pueden retar si saben que te he dejado levantártela.

Entonces me la bajó y se despidió.

—Chao.

—Chao —le dije.

Pero antes de irse se inclinó y me dio un beso. Yo no supe qué hacer, fue un beso corto, pero en los labios.

—No entiendo... ¿Qué pasa?

—Nada, te voy a venir a ver.

Me quedé helada y después de no sé cuánto rato llegó otro y me preguntó si me había pasado algo.

—¿Alguien ha tratado... alguien se ha insolentado contigo?

Y yo lo protegí. Es que hubo un momento en que confié, él era joven, conversábamos, nos reíamos, no podía ser tan malo, no puede estar fingiendo tanto, y no lo eché al agua. Pensé hacerlo, pero me dije no, después va a quedar la cagada, un día me puede encontrar en la calle, mil cosas.

—No, nadie —dije—. Todos se han portado muy bien.

* * * * *

Días después apareció.

—No voy a poder venir más a verte —dijo desde la puerta.

—¿Por qué? —le pregunté.

—Porque me dijeron que venía mucho, me amonestaron.

—...

—¿Tú tenís teléfono? —Él sabía que yo tenía.

—Sí, sí tengo.

—¿Por qué no me dai el número?

—Pero si en la casa estaba...

—Pero quiero que me lo dis tú.

Bueno, se lo di.

—Sabís, me gustaría verte después que te fuerai de acá... y saliéramos.

—Bueno —le dije —llámame.

En eso se sintió gente.

—Chao —me dijo —que estís bien.

Y no lo volví a ver hasta el último, cuando vino a decirme:

—Sabís qué... te vai.

A cada rato venían a preguntarme algo, pero muchas veces me hacían desnudarme y no decían nada, me miraban no más, en silencio, y yo apenas podía advertirlos por los pequeños ruidos que no podían omitir, como el roce de la ropa o el aire que respiraban. Y por el olor. Cacharon que mi debilidad era que me violaran, que a eso le tenía terror. Yo misma se los había dicho. *Me da pavor que me violen. ¿En serio, me van a violar?* Aunque cuando al rubio le pregunté si tenía hermanas y si le gustaría que se las violaran, él me había dicho *no, si no pasa nada, si es para asustarte no más.*

Cuando me llevaron ante mi hermano y me di cuenta que el Nacho también estaba preso se produjo un cambio. Me hicieron sacarme la ropa y que mi hermano me tocara.

—Si no hablái huevón tu hermana va a cagar. La vamos a culiar.

—Culéensela —dijo él.

Yo habría alegado, pero me sentía culpable por el paquete que me había encargado y no dije nada. Será, pensé, y como ya me habían advertido que era para asustarme...

Un momento después, tener al Nacho al frente me dio fuerzas. Y posteriormente, cuando me ordenaban sacarme la ropa ni me inmutaba, lo hacía, aguantaba que me cachetearan y me tiraran el pelo sin perturbarme. En realidad creo que estaba medio loca, hablaba sola, me quejaba, me pesqué una amigdalitis y fiebre, no podía tragar saliva, en resumen estaba para la cagada. De tanto estar pilucha me enfermé.

En una oportunidad se les quedó abierta la puerta de mi celda y una radio encendida. Me habían dejado amarrada a una silla para impedir que me parara y me pusiera a copuchar. Vi al Nacho en el pasillo, sentado, entero vendado. Él se dio cuenta y levantó el pulgar. Ese gesto fue muy significativo para mí. Pensé, estamos bien, él está bien, mi hermano está bien, todavía no ha pasado nada grave. Pero él estaba inquieto, volteando la cabeza para todos lados, atento a cualquier ruido, a cualquier movimiento a su alrededor. Se levantó la venda y me hizo así de nuevo con el dedo y escuché la respiración de mi hermano.

Volver a los diecisiete —sonó en la radio— *después de vivir un siglo...*

Me puse a cantar y Nacho, no sé por qué, trataba de hacerme callar. Yo cantaba, me reía y lloraba al mismo tiempo. Era el primer contacto después de todo lo que habíamos sufrido, nos fortalecimos y ahora que ellos estaban ahí pedía a cada rato permiso para ir al baño y detenerme un instante al lado de ellos. Y en los interrogatorios, en la celda del lado, el Nacho y mi hermano levantaban la voz para que yo pudiera oír lo que declaraban. Eso nos favoreció.

Por fin me ordenaron ducharme, no sé si sería el último día, pero hacía tiempo que no me ponían corriente.

—Deja la puerta abierta.

—Puchas.

—Y con la venda. Levántatela mirando para la pared.

Me bañé cantando, con los tipos paseándose por afuera. Los miraba, disimulada los veía. Era un baño antiguo, con una tina inmensa y baldosas dibujadas en el piso. En el suelo, descosida y ensangrentada, estaba tirada la chaqueta de Nacho. Me saqué la ropa sin preocuparme de que me vieran. Como si estuviera en la casa, tarareaba, paraba el poto y ponía las pechugas así. Después regresé a la celda, a las preguntas repetidas por montones, estaba loca. En eso aparece el rubio.

—¿Te cuento una noticia?

—...

—Te vai

—No te creo

—Sí, te vai a tu casa

—Qué rico —dije—. No hallo las horas de salir. Ya no soporto el encierro injusto.

Yo no había hecho nada, empecé a decirle cuando me di cuenta que detrás de él había una cachada de gallos.

—Te vai a sacar la venda, vai a leer y firmar esta declaración. Y mira para un solo lado.

Me pasaron unos papeles y empecé a leer sin entender nada, incapaz de seguir una idea, leyendo por cumplir, más preocupada de mirar quiénes estaban detrás. Qué lata, si me cachan me pegan, pensaba.

En la tercera hoja encontré cosas que yo jamás había declarado, estaba segura y se los hice saber.

—Yo jamás he dicho esto.

—¡Pero tenís que firmar nomás!

—Pero es que yo...

Entonces se acercó otro.

—¿Soy chorita? ¡Firmai la huevá si no querís volver de nuevo al patio de las diversiones!

Chuchas no, pensé yo, *¡ni cagando!*

Acknowledgments

I would firstly like to offer my thanks to Gabriela Durand, who lived through the experience narrated in this book and dared to give me her testimony. To Jaime Valenzuela who, shouldering the associated risks, had the courage and generosity to finance the printing in 1981 of this then-unauthorized book. To Diamela Eltit, who wrote the preface and contributed her prestige to the second edition of *La parrilla* published in Chile by OchoLibros in 2012. And to Scott Spanbauer, who in 2016 was inspired to translate and republish this book, this time in the United States. Finally, my great thanks to Laura Cesarco Eglin and Minerva Laveaga Luna from Veliz Books for publishing this bilingual edition of *The Grill* in the United States.

Adolfo Pardo
Santiago, October 2016

I thank Adolfo Pardo, Raúl Zurita, and Carlos Ortúzar for daring to share Gabriela Durand's story at a time and place when that act could have gotten them killed. Many thanks to my friends at Veliz Books for choosing to bring this text to English-language readers for the first time, and for their close attention to the manuscript. And lastly, I am indebted to my dear friend Patricia Galleguillos Hartnett for reading the initial drafts and helping me with the most challenging *chilenismos*.

Scott Spanbauer
December 2016